CONSULTATION

POUR

M. LE Cte DE MONTLOSIER.

IMPRIMERIE DE J. TASTU,
RUE DE VAUGIRARD, N° 36.

BARREAU DE PARIS.

CONSULTATION

SUR

LA DÉNONCIATION

ADRESSÉE A LA COUR ROYALE

PAR

M. LE COMTE DE MONTLOSIER.

Primus in hæc civitate docuit, in conservandâ civium libertate, esse PRIVATUM NEMINEM.

(CICÉRON, *De Re publicâ*.)

PARIS

AMBROISE DUPONT ET Cie, LIBRAIRES,
RUE VIVIENNE, N. 16, EN FACE DE LA RUE COLBERT.
BAUDOUIN FRÈRES, LIBRAIRES,
RUE DE VAUGIRARD, N. 17.

1826

CONSULTATION

POUR

M. LE C^{TE} DE MONTLOSIER.

LE SOUSSIGNÉ,

Qui a pris part aux délibérations de ses confrères, les membres du barreau de la Cour royale de Paris, les 2, 9 et 16 avril dernier;

Invité tant par lettre que verbalement, par M. le comte de Montlosier, à donner son opinion sur les faits contenus au *Mémoire à consulter*, publié en l'année 1826; sur les motifs de la dénonciation judiciaire, à lui communiqués avant la publication, et contenus pages 213 à 275 du nouvel ouvrage de M. de Montlosier, publié la même année; et enfin sur la Dénonciation elle-même, déposée au greffe et au parquet de la Cour royale de Paris;

Après avoir conféré avec plusieurs de ses confrères, et mûrement délibéré sur les difficultés de droit que présente à résoudre cette Dénonciation ;

Est d'avis des résolutions suivantes :

M. le comte de Montlosier a dénoncé à la France tout entière, aux fonctionnaires de l'ordre administratif et de l'ordre judiciaire, et spécialement aux magistrats de la Cour royale de Paris, non pas seulement des associations ou congrégations qu'il regarde comme illicites, mais un *système religieux et politique*, *tendant à renverser la religion, la société et le trône :* c'est-à-dire un véritable complot, tramé dans l'ombre contre la sûreté intérieure de l'État, et contre le gouvernement représentatif, qui constitue notre société politique.

Ce complot, il en trouve les élémens dans quatre fléaux ou circonstances principales, qu'il spécifie ainsi : 1° un ensemble de congrégations religieuses *et politiques*, répandues dans toute la France; 2° divers établissemens de la société odieuse et prohibée des jésuites; 3° la profession patente, ou plus ou moins dissimulée de l'ultramontanisme; 4° l'esprit d'envahissement des prêtres, résultant de leurs empiétemens continuels sur l'autorité civile, ainsi que d'une multitude d'actes arbitraires et tyranniques exercés sur les fidèles.

Le consultant ne prétend pas que ces faits considérés isolément puissent chacun donner lieu à une action publique ou populaire; à une action *extraordinaire*, comme celle qu'il provoque de la Cour royale de Paris; telle du moins ne nous a pas paru être sa pensée : ainsi, par exemple, et quant à l'envahissement de ce qu'il a appelé avec tant d'énergie le *parti-prêtre*, il le considère, dans sa dénonciation juridique, sous deux rapports : 1° comme l'un des moyens d'exécution du complot qu'il a dénoncé aux magistrats de son pays; et 2° sous le rapport de faits, au nombre de cinq cents, dont les citoyens ont droit de se plaindre. Il s'agira plus tard d'examiner s'il est vrai qu'il n'existe pas à cet égard de loi pénale à appliquer, et un mode particulier d'action à indiquer au consultant;

Sur la profession publique, audacieuse, effrénée de l'ultramontanisme, M. de Montlosier connaît trop bien les principes du droit public français, et la faculté accordée aux citoyens, d'écrire librement sur toutes les questions politiques et religieuses, pour en faire un chef d'incrimination; lui-même a pris soin de le dire dans sa Dénonciation.

Mais il signale, dans les ministres du culte catholique, et même dans un grand nombre de membres de l'épiscopat français, une profession d'ultramontanisme, qui ne serait rien moins que le renversement de l'Eglise gallicane; car c'est elle que M. de Montlosier, qui est un catholique sincère, désigne sous le nom générique de *religion*.

Il s'agira d'examiner si la déclaration de divers membres de l'épiscopat français en 1826, publiée sous la protection et l'approbation du ministre des affaires ecclésiastiques, n'est pas une attaque directe envers les lois qui régissent l'Eglise gallicane, de la part de ceux-là même qui ont le devoir spécial de les défendre, et si de cette circonstance grave, relative exclusivement au bien de la religion gallicane, qui forme la religion de l'Etat, il ne résulte pas, sous un autre rapport, un indice du complot tramé contre la sûreté de l'Etat, c'est-à-dire, de la société et du trône;

Quant au chef de l'intrusion des jésuites, auquel divers jurisconsultes pensent que la Dénonciation devrait être restreinte, M. de Montlosier n'a sans doute pas pensé qu'il fût nécessaire de provoquer *judiciairement*, par la voie *extraordinaire*, la dissolution d'un institut qui n'a aucune existence légale en France, et qui a été dissous par des actes réitérés du gouvernement et de la puissance législative elle-même qui ne sont point abrogés.

La pensée du consultant paraît se diriger moins vers le corps lui-même, qui est pour nous un être imaginaire et par conséquent insaisissable, que contre les individus qui, ayant pris l'habit et contracté l'obligation de se soumettre aux statuts d'un ordre monastique étranger, institué par une bulle du chef de l'Église romaine, non reconnue en France, travaillent à ramener en France le pouvoir absolu, et par conséquent au renversement de la constitution de l'État.

Il signale les fonctionnaires ecclésiastiques ou séculiers comme pouvant, en tolérant ou favorisant les jésuites déguisés, encourir des pénalités véritables, ou la responsabilité qui pèse sur ceux auxquels, par l'acceptation de fonctions publiques, est imposé un devoir plus spécial de fidélité envers le Roi et le gouvernement représentatif fondé par Louis XVIII, et que Charles X a juré de maintenir.

Il y a aussi, dans cette partie de la Dénonciation, la question de participation au complot à examiner.

Enfin M. le comte de Montlosier signale l'existence des congrégations moins comme *illicite* (ce qui n'est peut-être pas dans sa pensée le point le plus important) que comme le moyen le plus général et le plus efficace, d'arriver à la consommation du complot qu'il dénonce.

En effet, supposez que les art. 291 et 294 du Code pénal soient, sinon tout-à-fait abrogés, au moins modifiés par l'art. 5 de la Charte, en ce sens que toute espèce d'association religieuse puisse se former dans l'État sans autorisation *préalable ;* M. le comte de

Montlosier serait encore fondé à dénoncer celles dont il a expliqué l'origine et marqué les progrès, comme étant un moyen direct de renverser la société politique et le trône élevé pour sa conservation.

C'est donc à rechercher l'existence d'un complot et d'une conspiration, que M. le comte de Montlosier a réuni tous ses efforts; il s'agit d'examiner après lui si en effet il a découvert assez d'élémens pour motiver de la part des Cours royales une poursuite extraordinaire, et s'il n'y a pas une espérance légitime d'en découvrir et d'en livrer les agens à la vindicte des lois.

Cela suffirait quant à présent, car il ne s'agit pas encore de punir, mais de chercher à préserver la société d'une catastrophe.

Autant on doit mettre de vigilance à informer, autant plus tard il faudra user de circonspection quand il s'agira des personnes.

Accoutumés à défendre et non à accuser, nous nous réjouissons des acquittemens prononcés par les magistrats, quand leur justice a été éclairée par un débat solennel et public.

Convaincus de l'existence du danger signalé par M. de Montlosier, par les indices graves, précis et concordans qu'il en donne, nous pensons comme jurisconsultes, et d'après l'étude journalière que nous faisons des procédures criminelles, que jamais il n'y eut plus de motifs d'informer. Pour appuyer cette opinion, un examen préalable et approfondi des quatre chefs qui constituent la Dénonciation, nous paraît nécessaire; nous essaierons ensuite de résumer les divers indices du complot, et de faire voir par la comparaison des poursuites de cette nature, que jamais la sollicitude du ministère public et des magistrats, ne dut être plus vivement excitée.

§ Ier.

De l'existence des congrégations, considérée comme élément de complot.

Si les principes de liberté établis par la Charte ont, comme nous le pensons, eu pour effet d'abroger les dispositions *préventives* des art. 291 et 294 du Code pénal, ils ont laissé subsister en leur entier les dispositions répressives de ce même Code, celui, par exemple, de l'art. 293 qui porte : « Si » par discours, exhortations, invocations » ou prières, en quelque langue que ce soit, » ou par lecture, affiche, publication ou » distribution d'écrits quelconques, il a été, » fait dans ces assemblées, quelque provo- » cation à des crimes ou à des délits, la » peine sera de 100 fr. à 300 fr. d'amende, » et de trois mois à deux ans d'emprison- » nement contre les chefs, directeurs et ad- » ministrateurs de ces associations, sans » préjudice des peines plus fortes qui se- » raient portées par la loi contre les indivi- » dus personnellement coupables de provo- » cation, lesquels en aucun cas ne pourront » être punis d'une peine moindre que celle » infligée aux chefs, directeurs et adminis- » trateurs de l'association. »

Supposez que, par suite du renvoi de la Cour de cassation de l'affaire des piétistes à la Cour de Metz, il soit jugé par cette dernière Cour, d'après l'article 5 de la Charte, que l'agrément préalable du gouvernement, qui était autrefois exigé par l'article 291 du Code pénal, ne soit pas nécessaire pour former une association religieuse de plus de vingt personnes, et que la permission de l'autorité municipale exigée par l'article 294 de la part de celui qui reçoit les associés dans sa maison est remplacée aujourd'hui par une simple déclaration, conformément à la loi du 7 vendémiaire an IV, M. de Montlosier n'en aura pas moins eu raison de les qualifier de *congrégations illicites;* car aucune d'elles n'a informé l'autorité locale du lieu et de l'heure de ces réunions; par le défaut d'accomplissement de cette formalité, elles sont secrètes, et nulle surveillance ne peut être exercée à leur égard. Or, c'est de cette surveillance que, dans tout Etat bien organisé, il faut que la puissance publique soit investie, ainsi que la Cour de cassation l'a dit dans son arrêt du 3 août 1826.

C'est le secret de ces réunions qui les rend doublement dangereuses.

Le législateur a prévu le péril que pouvaient présenter des associations même licites, et c'est pour cela que, par les articles 292, 293 et 294, il a prononcé des peines, non-seulement contre ceux qui, dans les réunions, commettraient des provocations à la désobéissance aux lois, mais aussi contre les chefs, directeurs et administrateurs, et contre les maîtres de maisons qui ne les auraient pas empêchées.

A l'égard des assemblées de culte protégées spécialement par l'article 5 de la Charte, la loi de vendémiaire an IV exigeait la formalité préalable d'une déclaration, quand elles se composent de plus de dix personnes, et qu'elles ne se tiennent pas dans un temple ouvert au public, mais dans une maison.

Supposé que cette loi ait été, dans sa spécialité et sur ce point, modifiée par l'article 291 du Code pénal, qui semble exiger une réunion effective de vingt personnes pour former une association, à la surveillance de laquelle la société ait des droits, il faudra reconnaître que cette loi de l'an IV demeure encore en vigueur dans tous ses autres points qui ne sont pas inconciliables avec les lois postérieures, relatives au régime du culte catholique, et surtout avec la Charte; et cette opinion est celle de M. Carnot, conseiller à la Cour de cassation.

« Le Code pénal, dit ce magistrat [1], ne

[1] N. 6. Comment. sur l'art. 207 du Code pénal.

» prévoit pas le cas où le ministre du culte
» aurait lu ou fait lire dans une assemblée,
» affiché ou fait afficher, distribué ou fait
» distribuer, un écrit émané ou supposé
» l'être d'une puissance ecclésiastique étran-
» gère, ou de tout autre ministre du culte
» qui ne serait pas résidant en France, même
» celle d'un ministre du culte qui, quoique
» résidant en France, se dirait délégué d'une
» puissance étrangère; mais le Code n'a pas
» révoqué non plus l'article 22 de la loi du
» 7 vendémiaire an IV (29 septembre 1795),
» qui s'est trouvée maintenue par l'art. 484
» du Code. »

Nous serions disposés à penser, contre l'opinion du savant conseiller, que cet article est remplacé par l'article 293 du Code pénal, qui ne punit la lecture des écrits que quand ils contiennent quelques provocations à des crimes ou délits. S'il n'y a pas provocations, ce n'est plus que l'usage de la correspondance prohibée par les articles 207 et 208 du Code, si habilement commentés dans la Consultation du barreau de Bourges.

Du reste, il est remarquable que cet article 22 reconnait la légalité des congrégations, même séparées de l'exercice du culte, puisqu'il s'applique à tout ministre du culte qui, hors de l'enceinte de l'édifice destiné aux cérémonies ou exercices, lira ou fera lire dans une *assemblée d'individus*, ou fera afficher ou affichera les écrits émanés du chef d'un culte étranger.

Mais il ne faut pas conclure de l'absence du mot *publique* [1], dans cet article 22, que cette loi ait autorisé les assemblées secrètes de culte. Il ne s'agit dans cet article que des assemblées périodiques de dix (aujourd'hui de vingt personnes), à l'égard desquelles on a rempli la formalité de la déclaration préalable, et qui, par suite, sont réputées *publiques*.

Jamais aucun législateur n'a souffert les associations clandestines; car elles sont le foyer où s'allument et s'enflamment toutes les passions, et les clubs où se trament toutes les conspirations; et quelque ami qu'on soit de la liberté, il est toujours un point où la puissance publique intervient pour empêcher ces réunions d'être dangereuses.

[1] M. Carnot a suppléé dans le texte, par induction.

Dans les pays libres, où l'opinion des citoyens est un des élémens du gouvernement, où par conséquent il est nécessaire qu'ils se réunissent pour s'éclairer, le législateur ne leur demande que de se faire connaître; dans les pays où l'opinion des citoyens est comptée pour rien, où le pouvoir absolu domine, on a eu recours à des mesures préventives. C'est à ce système qu'appartiennent les lois romaines, extraites des Pandectes de Justinien, les anciennes ordonnances de nos rois, et les articles 291 et 294 du Code pénal. Ce n'est pas dans les lois impériales ou royales qu'il faut chercher des principes de droit public compatibles avec le système de liberté et de publicité établi par la Charte.

Quand Rome était libre, les sociétés étaient autorisées, mais on en poursuivait les membres par des voies extraordinaires, si une conspiration était soupçonnée. C'est ce qui est arrivé à l'égard de Catilina, et à l'égard des bacchanales, l'an de Rome 566. Nous aurons occasion de revenir sur ce dernier fait, qui présente de grandes analogies avec les faits dénoncés par M. de Montlosier.

Sous les empereurs, on poursuivait la société des Chrétiens, comme une superstition nouvelle et dangereuse. Un édit de Trajan, de l'an 98, défendit les sociétés et confréries religieuses, et commença ainsi, par l'établissement d'un faux principe, la persécution religieuse qui, sous les règnes de ses successeurs, donna lieu à tant de martyres.

Pline, alors gouverneur de la Bythinie, engagea l'empereur à l'indulgence, tout en désapprouvant la secte, et Trajan, dans sa réponse, approuva le sursis aux poursuites, mais sans vouloir rapporter son édit.

« Vous avez suivi la conduite que vous » deviez, mon cher Secondus, lui écrivait-il, » dans les causes qui ont été portées à votre » tribunal contre les Chrétiens. Il ne faut » pas les rechercher; mais s'ils sont dénoncés » et convaincus, il faut les punir. Quiconque » dira qu'il n'est pas chrétien devra être » renvoyé. Quant aux dénonciations ano- » nymes, la chose est de très-mauvais exem- » ple et indigne des lumières de notre » siècle. »

Tertullien, loin d'approuver cette transaction avec les principes, observe avec raison [1] que dans ce système les Chrétiens ne sont pas punis parce qu'ils sont coupables, mais parce qu'ils sont dénoncés. Il invoque la liberté des cultes; mais il se soumet aux dispositions répressives des sénatus-consultes et des édits des princes dans le cas où ses co-religionnaires et lui seraient convaincus d'avoir fait, dans leurs assemblées, quelque chose de contraire à la morale ou contre l'empire [2].

Avant l'édit de Trajan, sous Néron notamment, certains Chrétiens avaient été punis de mort, mais ils étaient impliqués dans une accusation d'incendie, ou condamnés pour des crimes spéciaux.

Adrien a écrit au sujet des Chrétiens la lettre suivante :

« Si quelqu'un accuse les Chrétiens, et
» prouve qu'ils font quelque chose contre
» les lois, qu'on les punisse selon la loi; si

[1] Dans son Apologie des Chrétiens.

[2] C'est ce dernier passage qu'on a invoqué; mais on en a fait une application qui était loin de la pensée de Tertullien.

» l'accusation est fausse, punissez le calom-
» niateur [1]. »

On reproche à M. de Montlosier de n'avoir pas désigné les personnes : il aurait pu en nommer plusieurs sans doute; mais en France, la vindicte publique appartient au ministère public, et nos mœurs n'admettent pas les accusations personnelles; il en a dit assez pour mettre le ministère public sur la voie. Il ne devait rien de plus à son pays.

On a de Marc-Aurèle un rescrit adressé la dixième année de son règne à l'assemblée d'Asie.

« L'empereur César, Marc-Aurèle, Anto-
» nin, Auguste, Arménien, souverain pon-
» tife, tribun du peuple pour la quinzième
» fois, consul la troisième, à la communauté
» d'Asie, salut :

» Je sais que les dieux mêmes ont soin
» que ces sortes de gens (les Chrétiens) ne
» demeurent pas cachés, car ils ont bien
» plus d'intérêt que vous à punir ceux qui
» ne veulent pas les adorer....

[1] Histoire Ecclésiastique, liv. III, ch. 23.

» Plusieurs gouverneurs de province ont » déjà écrit à mon divin père (Antonin-le-» Pieux) au sujet de ces gens-là ; il leur a » répondu de ne point les inquiéter, s'ils ne » paraissaient *entreprendre quelque chose* » *contre l'Empire romain :* plusieurs aussi » m'ont écrit, et je leur ai fait des réponses » conformes à l'intention de mon père. »

Tertullien cite encore parmi les empereurs favorables à la liberté des cultes, Vespasien, Pius et Vérus. La postérité a justement flétri la mémoire de Décius, d'Aurélien, de Gallien, de Maximien, qui portèrent des édits de mort contre les chrétiens, par cela seul qu'ils ne suivaient pas la religion nationale; si elle a accordé son suffrage à Constantin, c'est que par l'édit de Milan, il consacra la liberté absolue des cultes sans aucun privilége pour les chrétiens.

Les édits de mort portés contre les hérétiques par Dioclétien, en 296, par Gratien, Valentinien et Théodose, en 379, par Arcadius et Honorius, en 407, par Théodose II et Valentinien en 428, et enfin par Justinien, qui les renouvela par ces mots laconiques :

Manichæi undique expellantor et capite puniantor, inspirent une juste horreur.

Si M. le comte de Montlosier proposait de poursuivre les congréganistes, par cela seul qu'ils se réunissent pour l'exercice de leur culte, on devrait lui remontrer l'intolérance et l'illégalité de sa dénonciation; elle serait repoussée par l'art. 5 de la Charte.

Mais ce digne et courageux citoyen, en rendant plusieurs fois hommage aux vertus privées et religieuses de plusieurs congréganistes, n'appelle l'attention de la justice, que sur la direction qui leur est donnée, et sur la clandestinité de leurs réunions.

Cette direction devenue toute politique, comme il paraît l'avoir établi, elle peut être un élément de complot.

D'un autre côté, la clandestinité de ces réunions et le défaut de déclaration préalable, donne lieu à l'application des articles 292 et 294 du Code pénal contre les directeurs et administrateurs et ceux qui ont pris sous leur nom le bail *des lieux qu'ils occupent*.

L'art. 293 du même Code spécifie encore

des délits à rechercher par le ministère public, et à punir par les magistrats.

Si, par exemple, la justice décernait des mandats et faisait entendre des témoins pour savoir ce qui se dit ou se fait dans ces réunions, elle acquerrait sans doute la preuve de la tendance signalée par M. de Montlosier, des provocations à des crimes ou délits, par exemple, des attaques contre la liberté des autres cultes, contre les droits et libertés qui nous sont garantis par la Charte, contre les lois des 17 mai 1819 et 25 mars 1822.

Les art. 201 et suivans du Code pénal sont encore applicables, le cas échéant.

« Art. 201. Les ministres des cultes qui
» prononceront dans l'exercice de leur mi-
» nistère et en assemblée *publique*, un dis-
» cours contenant la critique ou censure du
» gouvernement, d'une loi, d'une ordon-
» nance royale ou de tout autre acte de l'au-
» torité publique, seront punis d'un empri-
» sonnement de trois mois à deux ans. »

L'assemblée est publique lorsqu'il y a plus de vingt personnes et que les réunions sont périodiques, ce qui peut être prouvé par la saisie des papiers, aussi bien que par les dépositions des témoins.

« Art. 202. Si le discours contient une » provocation directe à la désobéissance » aux lois ou autres actes de l'autorité pu- » blique, ou s'il tend à soulever ou armer » une partie des citoyens contre les autres, » le ministre du culte qui l'aura prononcé » sera puni d'un emprisonnement de deux » à cinq ans si la provocation n'a été suivie » d'aucun effet, et du bannissement, si elle » a donné lieu à désobéissance, autre toute- » fois que celle qui aurait dégénéré en sé- » dition ou révolte.

» 203. Lorsque la provocation aura été » suivie d'une sédition ou révolte dont la » nature donnera lieu, contre l'un ou plu- » sieurs des coupables, à une peine plus » forte que celle du bannissement, cette » peine, quelle qu'elle soit, sera appliquée au » ministre coupable de la provocation. »

On dit qu'à la suite des missions, il y a eu des séditions sur plusieurs points du royaume; les missionnaires sont des ministres des cultes; ils en prennent le titre. N'y aurait-il pas lieu d'informer pour savoir si par leurs prédications, ils ne sont pas les premiers auteurs de ces troubles?

Ce n'est pas à nous de rechercher les faits; on ne peut pas non plus attendre de M. de Montlosier qu'il les établisse; une dénonciation est pour le ministère public et pour les magistrats un indice suffisant.

Si l'on apercevait quelque difficulté dans l'application des art. 201, 202 et 203 aux congréganistes, parce qu'ils ne seraient pas ministres reconnus du culte, il faudrait revenir à la loi spéciale sur la police générale des cultes, à celle du 7 vendémiaire an IV [1].

On a dit [2] que cette loi avait été faite en

[1] Cette loi étant peu connue, nous en donnons le texte :

La Convention nationale, après avoir entendu le rapport de son comité de législation;

Considérant qu'aux termes de la Constitution, nul ne peut être empêché d'exercer, en se conformant aux lois, le culte qu'il a choisi; que nul ne peut être forcé de contribuer aux dépenses d'aucun culte, et que la république n'en salarie aucun;

Considérant que ces bases fondamentales du libre exercice des cultes étant ainsi posées, il importe d'une

[2] M. l'avocat-général Laplagne-Barris, dans l'affaire des piétistes. (Arrêt du 3 août 1826.)

haine de la religion catholique, professée par la majorité des Français : au contraire,

part de réduire en lois les conséquences nécessaires qui en dérivent, et à cet effet de réunir en un seul corps, de modifier ou compléter celles qui ont été rendues ; et de l'autre, d'y ajouter des dispositions pénales qui en opèrent l'exécution ;

Considérant que les lois auxquelles il est nécessaire de se conformer dans l'exercice des cultes, ne statuent point sur ce qui n'est que du domaine de la pensée, sur les rapports de l'homme avec les objets de son culte, et qu'elles n'ont et ne peuvent avoir pour but qu'une surveillance renfermée dans des mesures de police et de sûreté publique ;

Qu'ainsi elles doivent garantir le libre exercice des cultes par la punition de ceux qui en troublent les cérémonies, ou en outragent les ministres en fonctions ;

Exiger des ministres de tous les cultes une garantie purement civique contre l'abus qu'ils pourraient faire de leur ministère pour exciter à la désobéissance aux lois de l'Etat ;

Prévoir, arrêter ou punir tout ce qui tendrait à rendre un culte exclusif ou dominant et persécuteur, tels que les actes des communes en nom collectif, les dotations, les taxes forcées, les voies de fait relativement aux frais des cultes, l'exposition des signes particuliers en certains lieux, l'exercice des cérémonies et l'usage des costumes hors des enceintes destinées c'est cette loi qui a permis de rouvrir en France les Églises. Deux conciles nationaux

auxdits exercices, et les entreprises des ministres relativement à l'état civil des citoyens ; réprimer les délits qui peuvent se commettre à l'occasion ou par abus de l'exercice des cultes ;

Et enfin régler la compétence et la forme de la procédure dans ces sortes de cas,

Décrète ce qui suit :

Art. 1er. Tout rassemblement de citoyens pour l'exercice d'un culte quelconque, est soumis à la surveillance des autorités constituées. Cette surveillance se renferme dans des mesures de police et de sûreté publique.

2. Ceux qui outrageront les objets d'un culte quelconque dans les lieux destinés à leur exercice, ou ses ministres en fonctions, ou interrompront par un trouble public les cérémonies religieuses, de quelque autre culte que ce soit, seront condamnés à une amende qui ne pourra excéder cinq cents livres ni être moindre de cinquante livres par individu, et à un emprisonnement qui ne pourra excéder deux ans, ni être moindre d'un mois; sans préjudice des peines portées par le Code pénal, si la nature du fait peut y donner lieu.

3. Il est défendu, sous les peines portées en l'article précédent, à tous juges et administrateurs d'interposer leur autorité, et à tous individus d'employer les voies de fait, les injures ou menaces, pour con-

ont tenu sous son empire; c'est à elle, nullement à Napoléon Bonaparte et au con-

traindre un ou plusieurs individus à célébrer certaines fêtes religieuses, à observer tel ou tel jour de repos, ou pour empêcher lesdits individus de les célébrer ou de les observer, soit en forçant à ouvrir ou fermer les ateliers, boutiques, magasins, soit en empêchant les travaux agricoles, ou de quelque autre manière que ce soit.

4. Par la disposition de l'article précédent, il n'est point dérogé aux lois qui fixent les jours de repos des fonctionnaires publics, ni à l'action de la police pour maintenir l'ordre et la décence dans les fêtes civiques.

5. Nul ne pourra remplir le ministère d'aucun culte, en quelque lieu que ce puisse être, s'il ne fait préalablement devant l'administration municipale ou l'adjoint municipal du lieu où il voudra exercer, une déclaration dont le modèle est dans l'article suivant. Les déclarations déjà faites ne dispenseront pas de celle ordonnée par le présent article. Il en sera tenu registre. Deux copies conformes, en gros caractères très-lisibles, certifiées par la signature de l'adjoint municipal ou du greffier de la municipalité, et par celle du déclarant, en seront et resteront constamment affichées dans l'intérieur de l'édifice destiné aux cérémonies, et dans les parties les plus apparentes et les plus à portée d'en faciliter la lecture.

cordat de l'an IX, qu'on doit le rétablissement du culte catholique; c'est un fait que

6. La formule de la déclaration exigée ci-dessus est celle-ci :

« Le.... devant nous.... est comparu N. (les nom et » prénoms seulement), habitant à.... lequel a fait la » déclaration dont la teneur suit :

» Je reconnais que l'universalité des citoyens français est le souverain, et je promets soumission » et obéissance aux lois de la république.

» Nous lui avons donné acte de cette déclaration, » et il a signé avec nous. »

La déclaration qui contiendra quelque chose de plus ou de moins sera nulle et comme non avenue: ceux qui l'auront reçue seront punis chacun de cinq cents livres d'amende, et d'un emprisonnement qui ne pourra excéder un an, ni être moindre de trois mois.

7. Tout individu qui, une décade après la publication du présent décret, exercera le ministère du culte, sans avoir satisfait aux deux articles précédens, subira la peine portée en l'art. 6 ; et en cas de récidive, il sera condamné à dix ans de gêne.

8. Tout ministre du culte qui, après avoir fait la déclaration dont le modèle est donné, art. 6, l'aura rétractée ou modifiée, ou aura fait des protestations ou restrictions contraires, sera banni à perpétuité du territoire de la république.

la Chronique religieuse, rédigée par des pairs de France, des magistrats, des évè-

S'il y rentre, il sera condamné à la gêne, aussi à perpétuité.

9. Les communes ou sections de commune ne pourront en nom collectif acquérir ni louer de local pour l'exercice des cultes.

Il ne peut être formé aucune dotation perpétuelle ou viagère, ni établi aucune taxe, pour acquitter les dépenses d'aucun culte, ou le logement des ministres.

11. Tous actes, contrats, délibérations, arrêts, jugemens ou rôles, faits, pris ou rendus en contravention aux deux articles précédens, seront nuls et comme non avenus. Les fonctionnaires publics qui les signeront seront condamnés chacun à cinq cents livres d'amende, et à un emprisonnement qui ne pourra être moindre d'un mois, ni en excéder six.

12. Ceux qui tenteront, par injures ou menaces, de contraindre un ou plusieurs individus, à contribuer aux frais d'un culte, ou qui seront instigateurs desdites injures ou menaces, seront punis d'une amende qui ne pourra être moindre de cinquante livres, ni excéder cinq cents livres.

S'il y a voies de fait ou violences, la peine sera celle portée au Code pénal. Si la voie de fait commise n'y est pas prévue, le coupable sera puni d'un emprisonnement qui ne pourra excéder deux années,

ques et des savans catholiques, a rappelé assez souvent pour qu'on s'étonne que

ni être moindre de six mois, et d'une amende qui ne pourra excéder cinq cents livres, ni être moindre de cent livres.

13. Aucun signe particulier à un culte ne peut être élevé, fixé et attaché en quelque lieu que ce soit, de manière à être exposé aux yeux des citoyens, si ce n'est dans l'enceinte destinée aux exercices de ce même culte, ou dans l'intérieur des maisons des particuliers, dans les ateliers ou magasins des artistes et marchands, ou les édifices publics destinés à recueillir les monumens des arts.

14. Ces signes seront enlevés de tout autre lieu, de l'autorité municipale ou de l'adjoint municipal; et, à leur défaut, du commissaire du directoire exécutif du département. Ils auront attention d'en prévenir les habitans, et d'y procéder de manière à prevoir les troubles.

15. Tout individu qui, postérieurement à la publication du présent décret, aura fait placer ou rétablir de tels signes partout ailleurs que dans les lieux permis, ou en aura provoqué le placement ou le rétablissement, sera condamné à une amende qui ne pourra excéder cinq cents livres, ni être moindre de cent livres, et à un emprisonnement qui ne pourra excéder six mois ni être moindre de dix jours.

16. Les cérémonies de tous cultes sont interdites

cette erreur se reproduise si souvent.

« Cette lói, a-t-on ajouté, a été évi-

hors l'enceinte de l'édifice choisi pour leur exercice.

Cette prohibition ne s'applique pas aux cérémonies qui ont lieu dans l'enceinte des maisons particulières, pourvu qu'outre les individus qui ont le même domicile, il n'y ait pas, à l'occasion des mêmes cérémonies, un rassemblement excédant dix personnes.

17. L'enceinte choisie pour l'exercice d'un culte sera indiquée et déclarée à l'adjoint municipal des communes au-dessous de cinq mille ames; et dans les autres, aux administrations municipales du canton ou arrondissement. Cette déclaration sera transcrite sur le registre ordinaire de la municipalité ou de la commune, et il en sera envoyé expédition au greffe de la police correctionnelle du canton. Il est défendu à tous ministres du culte et à tous individus d'user de ladite enceinte avant d'avoir rempli cette formalité.

18. La contravention à l'un des art. 16 et 17 sera punie d'une amende qui ne pourra excéder cinq cents livres, ni être moindre de cent livres, et d'un emprisonnement qui ne pourra excéder deux ans, ni être moindre d'un mois.

En cas de récidive, le ministre du culte sera condamné à dix ans de gêne.

19. Nul ne peut, sous les peines portées en l'article précédent, paraître en public, avec les habits,

» demment abrogée par la Charte, et sur-
» tout par la loi du 18 germinal an X, pro-

ornemens ou costumes affectés à des cérémonies religieuses, ou à un ministre d'un culte.

20. Il est défendu à tous juges, administrateurs et fonctionnaires publics quelconques, d'avoir aucun égard aux attestations que des ministres du culte ou des individus se disant tels, pourraient donner relativement à l'état civil des citoyens : la contravention sera punie comme en l'art. 18. Ceux qui les produiront, soit devant les tribunaux ou devant les administrations, seront condamnés aux mêmes peines.

21. Tout fonctionnaire chargé de rédiger des actes de l'état civil des citoyens, qui fera mention, dans lesdits actes, des cérémonies religieuses, ou qui exigera la preuve qu'elles ont été observées, sera également condamné aux peines portées en l'art. 18.

22. Tout ministre d'un culte qui hors de l'enceinte de l'édifice destiné aux cérémonies ou exercice d'un culte, lira ou fera lire dans une assemblée d'individus, ou qui affichera ou fera afficher, distribuera ou fera distribuer un écrit émané ou annoncé comme émané d'un ministre de culte qui ne sera pas résidant dans la république française, ou même d'un ministre de culte résidant en France qui se dira délégué d'un autre qui n'y résidera pas, sera, indépendamment de la teneur dudit écrit, condamné à six mois de prison ; et, en cas de récidive, à deux ans.

» mulguée à la suite du concordat, et qui
» régit la police et la discipline de tous les

23. Sera condamné à la gêne à perpétuité tout ministre du culte qui commettra un des délits suivans, soit par ses discours, ses exhortations, prédications, invocations ou prières, en quelque langue que ce puisse être, soit en lisant, publiant, affichant, distribuant, ou faisant lire, publier, afficher, distribuer dans l'enceinte de l'édifice destiné aux cérémonies, ou à l'extérieur, un écrit dont il sera ou dont tout autre sera l'auteur;

Savoir : si par ledit écrit ou discours il a provoqué au rétablissement de la royauté en France, ou à l'anéantissement de la république, ou à la dissolution de la représentation nationale;

Ou s'il a provoqué au meurtre, ou s'il a excité les défenseurs de la patrie à déserter leurs drapeaux, ou leurs pères et mères à les rappeler;

Ou s'il a blâmé ceux qui voudraient prendre les armes pour le maintien de la constitution républicaine et la défense de la liberté;

Ou s'il a invité des individus à abattre les arbres consacrés à la liberté, à en déposer ou avilir les signes et couleurs;

Ou, enfin, s'il a exhorté ou encouragé des personnes quelconques à la trahison ou à la rébellion contre le gouvernement.

24. Si, par des écrits, placards ou discours, un mi-

» cultes reconnus et autorisés alors en
» France. »

nistre de culte cherche à égarer les citoyens, en leur présentant comme injustes ou criminelles les ventes ou acquisitions de biens nationaux possédés ci-devant par le clergé ou les émigrés, il sera condamné à mille livres d'amende et à deux ans de prison.

Il lui sera de plus défendu de continuer ses fonctions de ministre du culte.

S'il contrevient à cette défense, il sera puni de dix ans de gêne.

25. Il est expressément défendu aux ministres d'un culte et à leurs sectateurs, de troubler les ministres d'un autre culte ou prétendu tel, ou leurs sectateurs, dans l'exercice et l'usage commun des édifices, réglé en exécution de l'art. 4 de la loi du 11 prairial, à peine de 500 livres d'amende et d'un emprisonnement qui ne pourra excéder six mois, ni être moindre de deux.

Titre VI. *De la compétence, de la procédure et des amendes.*

26. Lorsque, selon la nature de l'accusation, il ne s'agira que de prononcer des amendes ou un emprisonnement, le tribunal de police correctionnelle en connaîtra, à la charge de l'appel au tribunal criminel de département.

27. Les jugemens de la police correctionnelle seront exécutés par provision, nonobstant l'appel; il est dé-

Si cette question ne s'était pas présentée pour la première fois devant la Cour, l'or–

fendu aux tribunaux criminels d'accorder aucune surséance, à peine de nullité et d'une amende de 500 livres.

28. Les officiers de police de sûreté, directeurs de jurés et tribunaux de police correctionnelle, pourront décerner des mandats d'amener ou d'arrêt.

29. Lorsque la nature du délit sera telle, qu'il pourra échoir peine afflictive ou infamante, on observera les formes et la procédure ordonnées pour la conviction de ces sortes de délits, sauf cette modification,

Que le jury de jugement sera tiré au sort sur la liste des jurés spéciaux, faite conformément à la loi.

30. La condamnation à l'amende emportera, de plein droit, contrainte par corps.

Néanmoins le condamné ne pourra être retenu, pour le défaut de paiement, plus de trois mois.

Lorsque l'amende concourra avec la condamnation à un emprisonnement, les trois mois ne courront qu'à compter de l'expiration du terme de la condamnation audit emprisonnement, de manière pourtant que le *maximum* n'excède pas deux ans.

31. Les précédentes lois sont abrogées en tout ce qui serait contraire à la présente.

32. Jusqu'à l'organisation des autorités constituées en vertu de la constitution, les fonctions attribuées par la présente loi aux adjoints municipaux dans les

gane du ministère public, aux lumières et à la science duquel nous nous plaisons à rendre un hommage bien mérité, n'aurait pas commis l'erreur que nous allons signaler.

La loi organique du concordat traite de la police du culte catholique et des deux communions protestantes, et rien de plus; elle ne parle pas des israëlites; cependant il est hors de doute que ce culte était alors, comme il l'a été depuis, librement exercé, ainsi que d'autres dissidens. La loi de vendémiaire an IV étant une loi générale, n'a pas laissé que de subsister après la loi organique du concordat; seulement celle-ci comme loi spéciale y a dérogé en accordant

communes au-dessous de cinq mille ames, seront remplies par les municipalités.

Celles attribuées aux commissaires du directoire exécutif le seront par les procureurs des communes, procureurs syndics de districts ou de départemens; et les affaires déférées par appel aux tribunaux criminels de département, en matière de police correctionnelle, le seront aux tribunaux de districts.

33. L'insertion du présent décret au bulletin de correspondance, tiendra lieu de publication.

des priviléges particuliers au culte catholique et au culte protestant.

Mais il est de principe en législation [1] que les lois postérieures ne dérogent aux lois antérieures que dans les dispositions inconciliables, si l'abrogation n'est formelle; et que les lois spéciales laissent toujours à la loi générale tout son empire, dans les points dont elles ne s'occupent pas.

La loi de vendémiaire an IV, bien loin d'être contraire à la Charte, est en parfaite harmonie avec elle. L'article 5 de cette Charte sans la loi de vendémiaire an IV aurait conféré aux cultes dissidens le droit de se réunir dans une maison privée, en nombre illimité, sans être soumis à une surveillance quelconque!

M. Laplagne-Barris a pensé, et la Cour de cassation a décidé après lui, qu'il n'en pouvait être ainsi, et nous sommes pleinement de cet avis.

M. le comte Portalis, dans l'article *des cultes* inséré au Répertoire de M. Favard, a

[1] Rapport de la commission de révision des ordonnances au Roi. (Décembre 1825.)

dit aussi en parlant de cette loi de l'an IV: « qu'elle avait organisé la gêne et l'esclavage » de tous les cultes, en soumettant leur » exercice à des conditions de police fort » dures et à des dispositions pénales très- » menaçantes; ils étaient en quelque sorte » considérés comme un mal que l'on tolérait » parce qu'on ne pouvait l'empêcher. »

Cette loi est moins dure que le Code pénal, et cependant on ne trouve pas suffisantes les mesures répressives de ce Code! on veut encore des mesures préventives.

Il en est de la liberté des cultes comme de la liberté de la presse; il vaut mieux des lois sévères de répression qu'une censure préalable qui en serait la destruction. La licence perd quelquefois la liberté; on a accordé à la religion catholique de grands priviléges; la question est maintenant de savoir si on n'en abuse pas pour mettre l'État en péril.

Nous croyons avoir démontré que les congrégations ne sont pas défendues par elles-mêmes; qu'elles ne sont qu'un résultat de la liberté des cultes consacrée par la Charte, quand elles ne s'occupent que des choses de leur culte; mais nous disons que chacune de ces congrégations doit faire connaître à l'autorité locale, conformément à l'article 294 du Code pénal, le lieu, l'heure et l'objet des réunions; jusque-là elles doivent être poursuivies comme associations secrètes et comme un foyer d'intrigues politiques, où peuvent se tramer des complots et des conspirations contre la sûreté intérieure de l'État et contre le gouvernement représentatif.

L'existence d'une congrégation religieuse est avouée par S. E. le ministre des Affaires ecclésiastiques; il ne paraît pas qu'elle ait rempli les formalités exigées par la loi de vendémiaire an IV, quoiqu'elle soit née sous le Directoire; ni qu'elle ait demandé l'autorisation du gouvernement sous l'empire du Code pénal de 1810; ni enfin qu'elle ait fait une déclaration à la mairie du lieu de son existence, conformément à l'article 294 du Code pénal modifié par l'article 5 de la Charte. Il est donc évident que sur ce premier point il y a lieu à poursuivre.

M. le ministre des affaires ecclésiastiques est convenu de l'existence d'une congrégation politique qui a aidé à la restauration; il ignore ce qu'elle est devenue et quelle est sa direction actuelle; mais il importe au ministère public et aux tribunaux de la rechercher, puisqu'il y a des indices suffisans dans la Dénonciation de M. de Montlosier, qu'elle a une organisation offensive et politique : elle a un conseil des *sept*, elle compte dans son sein de hauts fonctionnaires; les affiliés prêtent le serment de l'obéissance passive, ce qui est contraire à la liberté des sujets établie par la Charte. Un horrible assassinat, dit le consultant, a été déterminé par un engagement de ce genre.

La justice peut-elle se taire en présence de faits ainsi précisés ? le complot peut être vaste, les moyens déjà rassemblés; comment les citoyens inquiets ne porteraient-ils pas leurs yeux sur les magistrats ?

Si ceux-ci ne découvraient rien, les citoyens seraient au moins rassurés. Mais l'opinion générale paraît être que l'on trouvera si l'on cherche.

§ II. *Des Jésuites.*

Après avoir fixé les principes sur la liberté des associations religieuses, qui se font connaitre, et qui ne conspirent pas, notre tâche sera facile pour apprécier les faits relatifs aux jésuites.

A l'égard de ceux-là on n'est pas embarrassé pour les qualifier, ou pour savoir ce qu'ils veulent.

Les arrêts des parlemens ont après une longue enquête, et au vu de leurs constitutions (rétablies par la bulle du pape Pie VII, en 1814), qualifié la doctrine et les croyances des sociétaires : l'un des trois vœux qu'ils ont faits en 1541 au pape Paul III, est celui d'obéissance absolue au Saint-Siége.

Si donc le Pape voulait le renversement du système constitutionnel établi en France, ou seulement attaquer la liberté des cultes et même l'église gallicane, tous les affiliés seraient tenus de lui obéir par l'intermédiaire du général et des provinciaux.

Quiconque, en France, reconnaît la légitimité du pouvoir absolu, abdique par cela seul sa qualité de citoyen; car nos lois veulent une obéissance limitée et raisonnable; elles commandent la résistance à l'oppression; elles obligent tous les citoyens à dénoncer, poursuivre et combattre les ennemis du gouvernement constitutionnel.

La société des jésuites forme une véritable milice dont le général est à Rome, et par conséquent est un étranger; celui qui s'enrôle dans cette milice perd non-seulement la qualité de citoyen, il perd même la qualité de Français, art. 21 du Code civil; s'il abdique sa patrie, il peut être expulsé de France sans pouvoir invoquer la protection des tribunaux.

De la soumission des jésuites au pouvoir absolu du général, résulte la présomption légale que tous les affiliés sont des ennemis de la chose publique; l'assassinat peut leur être commandé même contre les Rois, et il y a plus d'un exemple qu'un tel ordre a été exécuté.

On ne peut pas dire que ce soient des crimes individuels; c'est le crime de la société elle-même; tous les affiliés passés, présens, futurs en sont mentalement complices, puisqu'ils sont soumis au même pouvoir; ou bien ils ne connaissent pas la nature des engagemens qu'ils ont contractés.

Un jésuite peut être relevé par son chef de la foi du serment; dès-lors c'est un être de l'espèce la plus dangereuse, qui ne peut présenter aucune garantie morale à la société; on doit fuir un jésuite comme un pestiféré.

Un congréganiste peut être un homme fort estimable, dès-lors qu'il ne soumet pas sa conscience et sa volonté au pouvoir d'un autre, surtout d'un chef étranger.

Tout homme qui a pris parti dans la société des jésuites et prêté le serment d'obéissance aux supérieurs, sachant que le général peut tout commander, est un individu qui a subi une dégradation morale; s'il connaît sa position, il est méprisable, c'est un homme qu'il faudrait montrer au doigt pour qu'on s'en défie.

Beaucoup d'entre eux le sentent tellement eux-mêmes, qu'ils n'osent avouer leur qualité de Jésuites, quoiqu'il n'existe pas de loi pénale qui les punisse en cette qualité.

Les jésuites partent du même principe que les athées puisqu'ils abdiquent le pouvoir de la conscience, puisqu'ils nient le droit naturel, puisqu'ils attribuent à leur général un pouvoir qui n'appartient qu'à la Divinité.

On voit d'après cela qu'il n'y a pas lieu pour les jésuites d'invoquer la liberté des cultes consacrée par la Charte, art. 5; leur croyance n'est pas plus un culte que l'athéisme; s'ils restent isolés comme les athées, on peut les tolérer, les protéger même dans leurs personnes, quoique sans les estimer; s'ils se réunissent dans la vue de mettre en pratique leur doctrine, il y a danger pour la chose publique; car ils ne peuvent se réunir et agir que dans le but de leurs constitutions; conséquemment ils travaillent au renversement de la religion, ainsi que l'a dit fort justement M. de Montlosier, en établissant le pouvoir absolu dans l'Église, en faisant prévaloir la volonté d'un seul homme sur les décisions des conciles généraux et sur la doctrine universelle de l'Église, en puisant dans les livres saints dont le général se regarde comme le seul interprète, l'épouvantable doctrine du régicide; c'est ce que tous les princes de l'Europe ont parfaitement senti; avec eux, c'est-à-dire avec des hommes qui ne sont pas liés par le serment de fidélité, il ne peut y avoir de tranquillité à espérer.

On objectera peut-être que tant d'hommes pieux ne seraient pas entrés dans la société des jésuites ; que le pape Pie VII ne les aurait pas rétablis, s'ils professaient une doctrine aussi dangereuse ; la réponse est facile : La cour de Rome a cru pour réparer les pertes de l'Église, et c'est un des motifs de la bulle, qu'elle avait besoin momentanément de rétablir cette milice redoutable, sauf à l'empêcher de conseiller ou de commettre le crime et sauf à la dissoudre ensuite. Peut-être se trompe-t-elle, en croyant qu'elle en aurait le pouvoir et que le général ne serait pas plus fort que le Pape et le collége des cardinaux; l'histoire du passé le fait craindre du moins; mais la cour de Rome a depuis deux siècles perdu l'habitude d'assembler les conciles généraux; privée de ce moyen de gouverner le monde catholique, elle tend à convertir l'Église en gouvernement absolu, en restreignant, autant que possible, les pouvoirs des Églises nationales : c'est ce qu'ont prouvé les négociations relatives aux concordats, non-seulement en France, mais dans tous les Etats de l'Europe, et même dans le Nouveau-Monde.

Il y a donc aujourd'hui entre le principe politique qui dirige la cour de Rome et le vœu d'obéissance passive qui caractérise l'institut des jésuites, une certaine sympathie qui a motivé la bulle de rétablissement.

Si cette bulle de 1814 avait condamné dans les anciennes constitutions le vœu d'obéissance absolue, le pouvoir accordé au général de les changer et modifier à son gré, et d'échapper ainsi aux conditions sous lesquelles l'Église gallicane et la puissance temporelle avaient, en 1560, en 1561 et en 1595, consenti à leur rétablissement, cette société pourrait être tolérée comme les autres congrégations, parce qu'elle n'aurait rien d'immoral ou d'anti-social; mais la bulle de 1814 rétablit l'ancien institut : *Sint ut sunt aut non sint.* Il est donc évident que les arrêts des parlemens, les édits des rois, et la bulle de Clément XIV, doivent encore aujourd'hui servir à caractériser leur institut et leur doctrine; ils sont les mêmes qu'autrefois : donc leur existence est incompatible avec l'état social, avec la liberté des cultes, dont ils sont les plus grands ennemis : donc tout ce que la France renferme de citoyens véritables et de fonctionnaires fidèles à leur pays et à la Charte, doivent les suivre dans leurs réunions, saisir leurs correspondances et interroger leurs agens et directeurs, pour s'assurer s'ils ne trament rien contre la sûreté intérieure de l'État.

Des hommes graves ont pensé qu'il suffisait de dissoudre l'institut et les réunions, et qu'il ne fallait pas s'occuper des individus.

Nous ne pouvons partager cet avis.

Il n'y aurait lieu de provoquer la dissolution de l'institut des jésuites qu'autant que la bulle de 1814 aurait été enregistrée sur les registres du Conseil-d'État, et que la *tolérance* dont M. le ministre des affaires ecclésiastiques a parlé serait fondée sur quelque acte de la puissance publique; mais il n'en existe aucun de ce genre; la dissolution de l'association des jésuites prononcée par l'édit de novembre 1764, confirmée par l'édit de Louis XVI, du mois de mai 1777, et par la déclaration du 7 juin suivant; par la loi du 13 février 1790 et celle du 18 août 1792, qui ont supprimé les vœux religieux et tous les ordres monastiques, est confirmée par le décret spécial de messidor an XII, rédigé par M. Portalis. Ces actes ont plus d'autorité que n'en aurait une simple dissolution prononcée *judiciairement*, parce qu'elle est générale et que celle-ci serait spéciale; que la maison de Lyon pourrait subsister si celle de Montrouge ou de Saint-Acheul étaient dissoutes.

Si l'association des jésuites formait un culte particulier et véritable, elle pourrait écarter facilement ces lois; l'édit de novembre 1764 qui prononce leur dissolution et ceux de 1777 qui la confirment, ont été promulgués à une époque où la liberté des cultes n'existait pas.

Les lois de février 1790, la constitution de 1791, la loi de 1792, en dissolvant les ordres monastiques et supprimant les vœux religieux, ont cessé de leur attribuer un traitement en cette qualité, mais n'ont pas défendu les associations pour prier Dieu en commun.

Il en est de même de la loi du 24 mai 1825 pour les congrégations de femmes; la loi a été faite, non pour les autoriser à se réunir, elles n'en avaient besoin que pour être dispensées de faire une déclaration à la police locale conformément à l'article 294 du Code pénal, mais pour être habiles à recevoir des legs et des donations.

Les jésuites n'en sont pas encore là, quoique probablement ils travaillent à gagner une majorité suffisante pour se faire livrer l'instruction publique, et devenir le seul corps enseignant.

Le décret de 1804 (celui du 3 messidor an XII), qui défend toutes congrégations ou associations sous prétexte de religion ou autrement, est dans le cas de l'article 291 du Code pénal ; il est modifié par l'article 5 de la Charte.

Mais oseraient-ils, les jésuites, soutenir judiciairement qu'ils forment un culte digne d'être protégé par la Charte, eux qui en se soumettant au pouvoir absolu d'un homme, renient leur Dieu, quoi qu'ils en disent.

S'ils le prétendaient, on leur opposerait les arrêts du parlement et les édits, non comme ayant le caractère de loi, mais de chose jugée, comme étant des qualifications judiciaires de leurs statuts. Pour éviter une condamnation il faudrait qu'ils justifiassent qu'ils ont abandonné leurs anciens statuts ;

encore ne serait-on pas obligé de croire à leurs sermens, puisqu'ils en sont déliés par le général et que leurs statuts même peuvent toujours être rétablis avec effet rétroactif[1].

Nous disons avec M. Lainé, ministre d'État et pair de France, et avec tous nos confrères, qu'il y a chose jugée sur ce point.

Enfin, la Charte reconnaît et protége tous les cultes, mais sous la condition que les partisans de chacun d'eux n'entretiendront pas en matière de culte des correspondances avec des supérieurs étrangers, sans l'autorisation du magistrat français chargé de la surveillance des cultes (article 207 du Code pénal).

Ce n'est pas là porter atteinte à la liberté des cultes, ce n'est pas gêner l'exercice de l'adoration de l'homme envers la Divinité, c'est une simple surveillance, particulière à ceux qui reconnaissent un chef étranger,

[1] Voyez la Consultation de M. Devaux, et du barreau de Bourges, qui contient une analyse très-exacte de ces statuts.

pour empêcher des trames et des complots, contre la liberté de l'Église nationale et des autres cultes.

L'article 208 du Code pénal punit, même du bannissement, les correspondances avec un supérieur étranger, lorsqu'elles sont accompagnées ou suivies d'autres faits contraires aux dispositions formelles d'une loi ou d'une ordonnance; le décret de messidor an XII est une loi; cette mesure spéciale a été nécessitée d'un côté parce que certaines associations, comme les pères de la foi ou jésuites, reconnaissent un chef étranger, mais surtout parce qu'ils lui reconnaissent un pouvoir *absolu*, destructif de la fidélité qu'ils doivent aux institutions de leur pays.

Les ministres du culte catholique qui s'affilient à la société de Jésus encourent même d'autres pénalités; ils deviennent non-seulement incapables d'exercer aucun emploi dans l'instruction publique, mais ils encourent la destitution de leur qualité de ministres du culte français, et la perte de leur traitement, puisqu'ils cessent d'être Français aux termes de l'article 21 du Code civil.

« Aucun étranger, dit l'article 32 de la loi » du 8 août 1802, ne pourra être employé » dans les fonctions du ministère ecclésias- » tique, SANS LA PERMISSION DU GOUVERNE- » MENT. »

Ce correctif fait porter sur le gouvernement la responsabilité de cette autorisation; elle serait partagée par les évêques qui nomment et instituent les curés, et qui confèrent des pouvoirs aux prêtres de leurs diocèses, s'ils présentaient des individus aux fonctions du saint ministère, sans avoir pris les précautions nécessaires pour s'assurer s'ils ne sont pas jésuites.

Nous renvoyons au paragraphe suivant à traiter de la protection accordée aux jésuites par certains évêques, soit dans leurs mandemens, soit dans leurs écoles secondaires, et à la fin de la responsabilité ministérielle.

En résumé sur ce point, M. de Montlosier signale l'existence d'un établissement jésuitique formé à Montrouge (il paraît avoir fait une semblable Dénonciation à la Cour d'Amiens pour l'établissement de Saint-Acheul et pour d'autres.) Il sera facile à la justice de s'assurer du fondement de ces dénonciations, en faisant saisir les papiers constitutifs de cette maison, et faisant interroger, sous la foi du serment et la peine infligée par la loi contre le parjure, toutes les personnes qui ont quelque rapport avec cet établissement.

§ III.

De l'ultramontanisme et de la protection accordée aux jésuites par quelques évêques.

N. 1er. *De la protection accordée aux jésuites.*

Ici il ne s'agit plus de poursuites à diriger contre les jésuites comme individus; ce n'est pas un délit de se laisser louer par des évêques ou par des hommes constitués en dignité, de se laisser investir de places lucratives dans l'enseignement, dans l'Église, dans l'État, quoiqu'on en soit déclaré incapable par les lois; il n'y aurait délit qu'autant qu'il y aurait corruption effective, et M. de Montlosier n'a rien dénoncé à cet égard.

Ce n'est donc plus contre les jésuites que les magistrats doivent sur ce point diriger leurs recherches, mais contre les évêques qui, dans leurs mandemens, ont pris la défense des jésuites, et contre ceux qui les ont introduits dans leurs petits séminaires.

M. de Montlosier dénonce comme *complices* des jésuites les signataires de ces mandemens; considérés sous le point de vue du complot ou de la conspiration, il peut y avoir complicité susceptible d'être atteinte par les lois; autrement il n'y a pas de culpabilité légale à être fauteur de jésuites, si l'on n'est jésuite soi-même, parce que ce peut être une opinion non éclairée ou blâmable, mais qui ne tombe sous l'application des lois pénales qu'autant qu'elle tendrait à provoquer à la désobéissance aux lois; alors c'est un délit séparé.

Le jésuitisme n'est érigé en délit par aucune loi, pas plus que l'athéisme; tant pis pour ceux qui ont le malheur de croire à l'utilité de l'une ou l'autre doctrine.

Voilà ce que nous aurions à dire si ceux qui approuvent les jésuites étaient de simples particuliers sans caractère; mais M. de Montlosier signale quatre évêques qui, dans l'exercice de leurs fonctions épiscopales, célèbrent hautement l'institut des jésuites, et prétendent que sa destruction est l'ouvrage de l'impiété et de la philosophie. Parmi eux, on regrette surtout de trouver le précepteur de l'héritier du trône; la France doit appréhender qu'on n'élève ce royal enfant dans la crainte ou dans l'amour des jésuites.

Ces évêques connaissent-ils assez peu la religion dont ils sont les ministres, pour ne pas savoir qu'elle a pour base le droit naturel, c'est-à-dire la théorie des devoirs et des droits, qui selon Origène et Saint-Jean Chrysostôme a précédé la révélation elle-même [1]; qu'elle n'exige qu'une obéissance raisonnable et limitée; qu'elle repousse comme immorale et impie la doctrine du pouvoir absolu!

Mais ce n'est pas une question de théorie dont nous avons ici à nous occuper. En louant les jésuites, les évêques désignés par M. de Montlosier, agissent comme si la bulle du pape Pie VII était reçue en France; or elle ne l'est pas : donc toute approbation

[1] Bibl. des Pères de l'Eglise, par l'abbé Guillon; 1825, tom. II, pag. 187; tom. XII, pag. 343.

qu'ils lui donnent est contraire aux dispositions de l'article 1er de la loi organique du concordat, ainsi conçu :

« Aucune bulle, bref, rescrit, décret,
» mandat, provision, signature, servant de
» provision, ni autre expédition de la cour
» de Rome, même ne concernant que les
» particuliers, ne pourront être reçus, pu-
» bliés, imprimés, ni autrement mis à exé-
» cution, sans l'autorisation du gouverne-
» ment. »

C'est aux termes de l'article 6 de la même loi un attentat aux libertés, franchises et coutumes de l'Église gallicane, qui donne lieu à la censure publique, connue sous le nom d'appel comme d'abus.

L'évêque de Poitiers, et l'archevêque de Toulouse, ont été censurés publiquement par des ordonnances royales[1], pour avoir méconnu ce principe, bien qu'ils aient protesté de leur bonne foi.

Le consultant aurait-il le droit de former lui-même cet appel comme d'abus? La loi

[1] 23 décembre 1820. — 20 janvier 1824.

dit que ce recours compète à toute personne intéressée, et à défaut de plainte particulière aux Préfets. (Art. 8, *ibid*).

M. Chasles, curé de Notre-Dame de Chartres, a dénoncé une infraction semblable de la part de M. *de Latil*, évêque de cette ville; par une ordonnance ou arrêt du conseil du 14 juillet 1824, qui n'a pas été insérée au bulletin des lois, il a été répondu ainsi qu'il suit [1] :

« Sur le moyen d'abus contre l'ordon-
» nance épiscopale du 8 novembre 1821;
» considérant que les recours en cas d'abus,
» contre les actes émanés des supérieurs ec-
» clésiastiques, ne compètent, aux termes de
» l'art. 8 de la loi du 8 avril 1802, qu'aux
» personnes intéressées; que l'ordonnance
» rendue le 8 novembre 1821 (en vertu
» d'une bulle du Pape non reçue en France)
» portait seulement que le curé de la cathé-
» drale prendrait rang et séance au chapitre
» diocésain, et qu'il aurait le titre de cha-

[1] Voyez Suppl. au Bulletin des Lois, année 1824, p. 95.

» noine ; que dès-lors le réclamant était sans » intérêt, et par conséquent non recevable » à en poursuivre la réformation. »

Cependant il a été statué au fond ainsi qu'il suit :

« Considérant en outre que cette ordon- » nance épiscopale a d'ailleurs été annulée » par l'ordonnance postérieure du même » évêque, du 7 janvier 1822, revêtue de » notre approbation royale, le 30 du même » mois, et dans laquelle il n'est fait mention » d'aucun acte du Saint-Siége, qui n'aurait » pas été reçu et publié dans le royaume; » d'où il suit que dans toutes les supposi- » tions, le recours comme d'abus serait » sans fondement. »

Ce point de doctrine n'est point irrévocablement jugé. M. le comte de Montlosier pourrait dénoncer, par voie d'appel comme d'abus, les quatre mandemens qu'il signale, et soutenir que, comme catholique français, il a intérêt à ce que les libertés gallicanes soient fidèlement maintenues; qu'ainsi il est recevable à agir directement.

Mais devant qui se pourvoir en cas pareil? La jurisprudence établie en dernier lieu, dans l'affaire de M. le curé Chasles, par un arrêt de la Cour de Paris, du 20 juillet 1824, et la jurisprudence du Conseil-d'Etat, donnent à l'autorité administrative supérieure, c'est-à-dire au Conseil-d'Etat, le droit de statuer, exclusivement aux tribunaux.

M. de Montlosier devrait, d'après cette jurisprudence, adresser son recours, signé de lui, avec les mandemens qu'il signale, à M. le ministre des affaires ecclésiastiques, avec réquisition de faire juger par le Conseil d'Etat, dans le délai ordinaire. Il lui est permis de rendre sa plainte publique, quoique la justice, au Conseil d'Etat, se rende à huis-clos. L'importance de cette dénonciation ferait sans doute abréger les délais, qu'on est dans l'usage de prolonger, selon M. de Cormenin, en ses *Questions de droit administratif* (verbo *Appel comme d'abus*, page 13[1]). Cette démarche préliminaire sera

[1] « On reproche aux ministres les lenteurs affec- » tées de leurs rapports, et au Conseil-d'État la tar- » diveté de ses jugemens. Les bons esprits approuvent » ces lenteurs salutaires..... »

nécessaire s'il veut plus tard, comme il l'annonce, page 215, présenter une dénonciation au Roi et aux Chambres.

Si, au contraire, le consultant pense avec nous que la compétence attribuée au Conseil-d'Etat par la loi du 18 germinal an X, et conférée aux Cours royales par le décret législatif du 25 mars 1813, n'a pu être rendue au Conseil-d'Etat par l'ordonnance du 27 août 1814, ainsi que l'ordonnance du 1er août 1815 et le projet de concordat du 22 novembre 1817 le reconnaissent, il pourrait adresser une requête en appel comme d'abus à M. le premier président de la Cour royale de Paris, et lui demander la permission de faire assigner les évêques de Besançon, de Meaux, de Strasbourg et de Belley, pour faire prononcer sur son appel comme d'abus.

Au reste, et si la compétence judiciaire est en ce point douteuse, elle ne l'est pas dans les cas prévus par les articles 204, 205 et 206 du Code pénal, ainsi conçus :

« Art. 204. Tout écrit contenant des ins-
» tructions pastorales, en quelque forme que
» ce soit, et dans lequel un ministre du

» culte se sera ingéré de critiquer ou cen-
» surer soit le gouvernement, soit tout acte
» de l'autorité publique, emportera la peine
» du bannissement contre le ministre qui
» l'aura publié.

» Art. 205. Si l'écrit mentionné en l'article
» précédent contient une provocation di-
» recte à la désobéissance aux lois ou autres
» actes de l'autorité publique, ou s'il tend à
» soulever ou armer une partie des citoyens
» contre les autres, le ministre qui l'aura pu-
» blié sera puni de la déportation.

» Art. 206. Lorsque la provocation con-
» tenue dans l'écrit pastoral aura été suivie
» d'une sédition ou révolte dont la nature
» donnera lieu, contre l'un ou plusieurs des
» coupables, à une peine plus forte que
» celle de la déportation, cette peine, quelle
» qu'elle soit, sera appliquée au ministre
» coupable de la provocation. »

Ces dispositions sont applicables, non-seulement aux évêques signataires des quatre mandemens qui blâment les actes du gouvernement et les arrêts des Cours relatifs à la suppression des jésuites, mais encore aux écrits par lesquels ces prélats attaquent ou censurent l'édit de 1682 et le décret du 25 février 1810, qui ordonnent l'enseignement, dans les séminaires catholiques, des quatre articles de la déclaration du clergé; car c'est provoquer à la désobéissance à ces lois de l'Etat.

Certaines personnes affectent de croire que les évêques ne peuvent être poursuivis devant les tribunaux, en matière de crimes ou délits, sans une autorisation préalable du gouvernement.

Pour qu'ils eussent droit à ce privilége, il faudrait qu'ils fussent des *agens du gouvernement*, aux termes de l'art. 75 de la loi constitutionnelle du 22 frimaire an VIII; mais quoiqu'ils soient en quelque sorte des fonctionnaires publics, comme recevant un salaire de l'Etat, et ayant droit à des honneurs publics, ce serait étrangement étendre la disposition de cet article que de la leur appliquer.

Ils ne peuvent jouir d'une juridiction privilégiée qu'autant que quelques-uns d'entre eux seraient pairs. Dans ce cas et à l'égard de ceux-là seulement, M. de Montlosier aurait à déposer sa plainte dans les mains de

M. le chancelier de France, président de la Chambre des pairs.

Nous nous sommes expliqués sur les mandemens approbatifs de l'institut des jésuites; ce n'est pas chose indifférente alors qu'un ministre du Roi déclare à la face de la France, que les jésuites existent parmi nous.

Ils ont déjà envahi, grâce au concours des évêques, sept petits séminaires. Ici se présente une question qui n'a pas encore été éclaircie et qui a une grande importance.

La loi organique du concordat, en conférant aux évêques la faculté d'établir, avec l'approbation du gouvernement, dans leurs diocèses, des chapitres cathédraux et des séminaires, prohibe et supprime *tous autres établissemens ecclésiastiques*. (Art. 11.)

Comment donc a-t-on pu, au mépris de la disposition impérative de cette loi, instituer des petits séminaires, et employer, à leur soutien, une portion des revenus de l'État? Il nous semble qu'il y a là une question de responsabilité ministérielle.

M. le comte de Montlosier a oublié de noter, comme *fait*, que les petits séminaires ont été établis en France, seulement depuis la restauration, quelques mois après la publication de la bulle de rétablissement des jésuites, au mois d'août 1814. L'ordonnance d'institution des petits séminaires n'est que du 5 octobre 1814; il parait que les rédacteurs de cette ordonnance avaient besoin de cacher le but qu'ils se proposaient; car elle n'a pas été insérée au Bulletin des Lois [1].

[1] En voici le texte d'après le Recueil des Lois, années 1814, page 632. — Appendice.

Louis, etc.; ayant égard à la nécessité où sont les archevêques et les évêques de notre royaume, dans les circonstances difficiles où se trouve l'Eglise de France, de faire instruire, dès l'enfance, des jeunes gens qui puissent ensuite entrer avec fruit dans les grands séminaires, et désirant de leur procurer les moyens de remplir avec facilité cette pieuse intention;

Ne voulant pas toutefois que les écoles de ce genre se multiplient sans raison légitime;

Sur le rapport de notre ministre de l'intérieur, nous avons ordonné et ordonnons ce qui suit :

Art. 1er. Les archevêques et évêques de notre royaume pourront avoir, dans chaque département, une école ecclésiastique, dont ils nommeront les chefs et les instituteurs, et où ils feront élever et instruire, dans les lettres, des jeunes gens destinés à entrer dans les grands séminaires.

Les élèves de ces écoles sont illégalement affranchis de la rétribution universitaire : c'est un privilége en matière d'impôt. On les déclare capables de recevoir des legs, quand la législature, par les lois des 2 janvier 1817 et 24 mai 1825, n'a accordé cette capacité qu'aux établissemens reconnus par elle.

M. l'évêque d'Hermopolis a dit à la tribune qu'il y avait cent petits séminaires ; par con-

2. Ces écoles pourront être placées à la campagne et dans les lieux où il n'y aura ni lycée ni collége communal.

3. Lorsqu'elles seront placées dans des villes où il y aura un lycée ou un collége communal, les élèves, après deux ans d'études, seront tenus de prendre l'habit ecclésiastique. Ils seront dispensés de fréquenter les leçons desdits lycées et colléges.

4. Pour diminuer, autant qu'il sera possible, les dépenses de ces établissemens, les élèves seront exempts de la rétribution due à l'Université par les élèves des lycées, colléges, institutions et pensionnats.

5. Les élèves qui auront terminé leurs cours d'études pourront se présenter à l'examen de l'Université, pour obtenir le grade de bachelier ès-lettres. Ce grade leur sera conféré gratuitement.

6. Il ne pourra être érigé, dans nul département,

séquent, il y en a plus que de séminaires véritables, qui ne sont qu'au nombre de quatre-vingts; ils sont plus nombreux que les collèges royaux, qui ne sont qu'au nombre de trente-huit, que les colléges communaux, qui ne sont qu'au nombre de soixante.

Ils sont soustraits à l'autorité de l'Université, qui a cependant, d'après la loi de 1806, le monopole légal de l'instruction publique.

On y enseigne les humanités, le grec, le latin, les sciences profanes; et la théologie,

une deuxième école ecclésiastique, qu'en vertu de notre autorisation donnée sur le rapport de notre ministre secrétaire d'Etat de l'intérieur, après qu'il aura entendu l'évêque et le grand-maître de l'Université.

7. Les écoles ecclésiastiques sont susceptibles de recevoir des legs, en se conformant aux lois existantes sur cette matière.

8. Il n'est, au surplus, en rien dérogé à notre ordonnance du 22 juin dernier, qui maintient provisoirement les décrets et réglemens relatifs à l'Université.

Sont seulement rapportés tous les articles desdits décrets et réglemens contraires à la présente.

9. Notre ministre secrétaire d'État de l'intérieur est chargé de l'exécution de la présente ordonnance.

Donné au château des Tuileries, le 5 octobre de l'an de grâce 1814.

qui devrait être le seul objet des écoles ecclésiastiques, n'y est pas connue.

L'instruction publique passe donc de l'Université dans les mains des évêques, et l'on souffre que les évêques choisissent pour instituteurs des hommes que les édits de 1764 et 1777 en déclarent incapables, et que l'Université devrait repousser.

Sans doute, indépendamment de la responsabilité, au moins morale, qu'encourent les évêques sur ce point, il en est une autre: c'est la responsabilité ministérielle.

Mais, reste toujours à rechercher si, comme le prétend M. de Montlosier, il n'y a pas dans l'érection des petits séminaires, dans leur excessive multiplication, dans le choix des instituteurs, dans la soustraction au régime universitaire, dans l'exemption des droits affectés aux dépenses de l'instruction publique, un indice de ce vaste système, tendant à renverser la religion nationale, le trône et la société?

N'y aurait-il pas lieu de faire interroger juridiquement les évêques qui ont institué ces petits séminaires, les chefs de ces maisons, et toutes les personnes qui y ont accès, afin de connaître la vérité tout entière, et d'éclairer les hauts pouvoirs de l'État sur une violation si flagrante de nos lois les plus importantes, de celles qui ont pour but l'éducation de la jeunesse ?

On dira peut-être que les parens qui mettent leurs enfans dans ces maisons ne peuvent se plaindre de la direction donnée à l'enseignement, de ce que par exemple, dans les livres consacrés à l'enseignement de l'histoire, à Saint-Acheul, on excuse et justifie le massacre de la Saint-Barthélemy, la révocation de l'édit de Nantes, et l'on passe sur l'assassinat de Henri IV.

Cette objection serait sérieuse, si le système de l'instruction publique, en France, était parfaitement libre; mais elle est soumise à un régime spécial, et quand on voit des établissemens qui s'en séparent, et se mettent sous la direction des évêques et des jésuites, on a quelque droit de s'inquiéter. M. de Montlosier peut les dénoncer comme exerçant les fonctions d'instituteur sans autorisation, contrairement aux dispositions de l'article 56 du décret du 15 novembre 1811.

N. 2. *De la profession d'ultramontanisme par plusieurs évêques.*

Elle résulte de deux faits; l'absence de l'enseignement de la doctrine des quatre articles dans leurs séminaires, et la déclaration rédigée par quelques-uns au mois d'avril 1826, laquelle nous parait, comme à M. de Montlosier, être évidemment destinée à remplacer la déclaration de 1682, et à être convertie en ordonnance royale.

A la vérité, le défaut d'enseignement de la déclaration de 1682 ne peut donner lieu à l'application d'aucune peine, puisque l'édit de Louis XIV, du mois de mars de la même année, n'en contient pas d'autre que celle de la destitution contre les professeurs, et que le décret du 25 février 1810 n'a pas suppléé ni pu suppléer à l'absence de disposition pénale.

Nous ajouterons même que la défense faite par l'article premier de l'édit à tous les sujets du Roi, d'enseigner ou d'écrire aucune chose contraire à la doctrine contenue en cette déclaration, n'est plus obligatoire dans un pays comme le nôtre, où la liberté des croyances religieuses et autres, qui ne contiennent pas un délit particulier prévu par les lois de la presse, est consacrée par la Charte elle-même.

Mais M. de Montlosier demande si cette infidélité de la part des ministres du culte catholique aux lois de leur propre culte, n'est pas un indice du complot qu'il dénonce, et ne peut pas donner lieu à l'intervention de la puissance publique.

Dans le premier cas, l'intervention doit être judiciaire ; elle peut même, et elle doit aller jusqu'à rechercher par voie d'enquête, en se faisant ouvrir les portes des séminaires, s'il est vrai que partout l'enseignement de cette déclaration et de ses principes est abandonné ; un pareil fait constaté judiciairement pourrait être au moins cité comme preuve que les lois de l'État sont hautement violées, et on ne serait pas embarrassé plus tard d'en déduire des conséquences légales.

La justice a le devoir de poursuivre et constater toute infraction à la loi ; sauf à délibérer plus tard pour savoir quelle est la peine à infliger.

D'ailleurs M. de Montlosier s'adresse à qui

de droit, il ne repousse pas l'intervention purement administrative; et nous pensons que le gouvernement ne doit admettre ni comme curés ni comme évêques, ceux qui n'auront pas adhéré à la déclaration de 1682; qu'il doit exiger des évêques qu'ils renvoient de leurs séminaires, et qu'ils retirent les pouvoirs à ceux des prêtres de leur diocèse qui ne sont pas soumis à cette doctrine.

Si le ministre, que ce devoir concerne, ne le remplit pas, il peut y avoir lieu à accusation; car il met l'État en péril, à cause de l'ascendant immense que le clergé catholique exerce sur l'esprit de 25 millions de Français.

Si l'on veut faire de l'Église gallicane une Eglise nouvelle, entièrement romaine, que l'on s'explique avant que le budget soit voté, car il ne doit l'être que dans l'intérêt des catholiques et non dans celui des ministres du culte.

Si quelques évêques de France seulement sont et veulent être ultramontains, que l'on examine si leur inamovibilité est un obstacle à ce qu'on les censure et à ce qu'on les suspende pour violation de leurs devoirs.

On paie aux cardinaux français un traitement que la loi organique du concordat leur refuse; M. de Montlosier peut bien en proposer aux Chambres la suppression.

D'après cette même loi et la constitution antique de l'Eglise, les évêques n'ont pas le droit de changer seuls la déclaration de 1682; il faudrait un concile national où le clergé du second ordre serait appelé; encore les catholiques français seraient-ils les maîtres de s'en tenir à la déclaration de Bossuet et de ses collègues; l'Eglise se compose non-seulement des clercs, mais encore des laïcs; *non solum ex clericis, sed ex laicis.* La religion catholique a été déclarée religion de l'Etat; il en résulte que la Chambre des pairs et la Chambre des députés, qui avec le roi forment le gouvernement, devraient à leur tour en délibérer, ainsi que cela a été reconnu lors du concordat de 1817; une ordonnance royale ne pourrait donc abroger l'édit de 1682.

Les partisans de la liberté absolue des cultes ne conçoivent pas que l'on puisse faire de ces discussions de doctrine ou de cultes, l'objet des délibérations des pouvoirs politiques de l'Etat; à plus forte raison les corps judiciaires leur paraissent-ils incompétens pour s'immiscer dans ces matières; pourquoi, disent-ils, ne pourrait-on pas être anti-gallican, comme on est quaker, anabaptiste, anglican, grec, schismatique?

Ils ne raisonnent qu'en conséquence du principe absolu écrit dans l'article 5 de la Charte; ils ne font pas attention que la religion catholique a été par l'article 6 déclarée religion de l'Etat, et qu'à ce titre elle a été soumise à un régime spécial de législation dont la base est dans la déclaration de 1682, dans le concordat et les lois organiques qui en dérivent.

Les citoyens ont le droit d'être ultramontains, s'ils préfèrent les doctrines du pouvoir absolu à celles des gouvernemens libres, pourvu qu'ils ne s'engagent pas dans des ligues qui auraient pour objet d'introduire le pouvoir absolu dans l'Etat; mais des prêtres ou des évêques qui adopteraient les doctrines ultramontaines, feraient une conspiration bien plus dangereuse, à cause du caractère respectable dont ils sont revêtus, et de l'espèce d'inviolabilité attachée à leur caractère.

Ils ont souvent prétendu qu'il n'appartenait ni aux citoyens, ni aux magistrats, d'intervenir dans les discussions de doctrine entre l'Eglise gallicane et l'Eglise de Rome; comme s'il était indifférent à la paix publique de savoir si les ministres du culte auxquels on accorde honneurs, priviléges et salaires, ne s'en servent pas pour introduire dans l'Etat des doctrines subversives des libertés nationales.

Sous Louis XIV, c'est-à-dire quand la monarchie française était absolue, le clergé de France a rejeté le pouvoir absolu de l'Eglise de Rome, en déclarant : 1° que la puissance dans les choses civiles et temporelles n'appartenait pas aux successeurs de saint Pierre, c'est-à-dire qu'ils ne devaient s'occuper que des relations de l'homme avec la Divinité;

2°. Que les actes des conciles généraux sont supérieurs à ceux du Pape;

3°. Que lés pouvoirs du siége apostolique sont limités par les canons et la discipline universelle, et par les franchises, libertés et coutumes de l'Église gallicane;

4°. Et qu'enfin le sentiment du Pape est

réformable par le sentiment de l'Eglise assemblée.

Aujourd'hui que dans les sociétés politiques le pouvoir des princes est partagé avec des Chambres, on aurait la douleur de voir une partie de l'épiscopat français favoriser de tout son pouvoir le système d'unité tant préconisé par l'Église de Rome, abandonner le droit de s'assembler et de délibérer eux-mêmes sur les besoins de l'Église; et au moyen d'une espèce de sauve-garde accordée à la personne sacrée des rois, sauve garde à laquelle les rédacteurs de l'acte du 3 avril ont mis une restriction au cas de changement de culte et où l'Eglise serait en péril, ils espèrent faire prévaloir une déclaration nouvelle, où le pouvoir absolu du Pape est tacitement reconnu !

En voyant M. l'archevêque de Paris et sans doute la majorité des prélats refuser d'adhérer purement et simplement à cette déclaration, l'opinion publique s'est alarmée; on a cru y voir une arrière-pensée, un acte d'hostilité envers la déclaration de 1682. M. de Montlosier aperçoit dans cet acte *quelque chose de captieux et d'attentatoire aux lois* de l'Etat; il généralise même l'accusation, et il pense que l'on veut opposer à l'autorité royale un dogme supérieur, l'infaillibilité du Pape, qui n'est autre chose que le pouvoir absolu, pour le produire quand il le faudra, et d'une manière décisive au premier conflit dans les matières mixtes : si la conviction des magistrats répond à celle de M. de Montlosier, s'ils pensent qu'en effet, les évêques renoncent aux libertés gallicanes, et à la doctrine des quatre articles, le danger est grand pour la France.

Qui pourrait ne pas s'alarmer de voir des évêques, d'ailleurs respectables à tant de titres, se déclarer pour le pouvoir d'une autorité étrangère, qui croit avoir un droit d'intervention dans les choses temporelles, si le salut de l'Église l'exige?

Le clergé du second ordre est fidèle sans doute à nos libertés publiques; mais on affecte de ne pas le consulter; des évêques réclament pour eux le pouvoir absolu qu'ils accordent au Pape; il a été impossible au curé Chasles de maintenir l'inamovibilité de son titre contre la puissance de son évêque; non-seulement il a perdu ce titre inamovible, mais il a été arbitrairement interdit; il a interjeté appel devant le métropolitain, en vertu d'un article spécial de la loi organique du concordat; il n'a pu encore obtenir de décision, quoiqu'il ait fait mettre le supérieur ecclésiastique en demeure de statuer, et que le prélat qui est son juge, soit l'un des hommes les plus respectables et les plus amis de la justice et des saines doctrines.

Des raisons majeures de convenance et la paix de l'Église ont jusqu'à présent empêché le jugement. Telle est la réponse faite à M. Chasles, après que non-seulement les évêques suffragans, mais la cour de Rome elle-même a été consultée.

Tout serait perdu, dit-on, dans l'Eglise de Dieu, si un évêque était tenu de répondre juridiquement à un curé, et si cet évêque était condamné. Un synode métropolitain pourrait seul statuer, mais l'avenir seul nous apprendra s'il est possible d'obtenir cette convocation.

Est-ce pousser trop loin la sollicitude pour les libertés publiques, que de croire que les partisans de l'ultramontanisme voudraient renverser le système représentatif, la liberté des cultes?

M. le comte de Montlosier a conçu ces craintes; si elles sont partagées par les magistrats, il y a lieu à information judiciaire. Le ministre des affaires ecclésiastiques a-t-il demandé aux évêques de s'expliquer sur les trois articles de la déclaration de 1682 dont ils ne parlent pas? Ce ministre invité à communiquer sa correspondance avec la cour de Rome, ou déposant comme témoin, pourrait informer la justice du but qu'on se propose par cette déclaration; du rôle que jouent dans cette négociation les cardinaux français, qui ont à concilier leur fidélité envers la France, comme citoyens et comme pairs, et celle que le sacré collége peut se croire en droit d'exiger d'eux.

La loi organique du concordat regardait apparemment cette conciliation comme difficile, puisque, dans la hiérarchie de l'Église gallicane, elle ne reconnaît point de cardinaux, et ne leur attribue aucun traitement; c'est par un acte secret du gouvernement que ce traitement leur a été depuis accordé [1].

La déclaration de 1682, non obligatoire pour ceux qui ne sont pas catholiques, est pour les ministres du culte catholique, obligatoire comme la Charte pour les fonctionnaires publics chargés de la mettre en action.

Ceux-ci seraient-ils affranchis du reproche de trahir leurs devoirs, s'ils manifestaient acitement, comme on les en accuse, leur désapprobation des principes consacrés par la Charte, ou seulement leur indifférence? Ne serait-ce pas une sorte de forfaiture?

Comment les trente millions de catholiques seront-ils rassurés sur le maintien de leur culte, s'il était vrai de dire avec M. de Montlosier que ceux qui sont constitués à l'effet d'en professer et défendre les maximes sont les premiers à les abandonner; et que leur conscience s'oppose à ce qu'ils adoptent en leur entier les principes déposés par Bossuet et ses collègues, dans la déclaration de 1682, que la Charte a placée au rang de nos lois?

[1] Acte du 26 février 1802 (7 ventose an XI), Suppl. au Bull. des Lois, 1823, p. 183.

C'est une grande erreur de croire que l'unité de foi, maintenue avec l'Eglise de Rome, entraîne la fusion des deux Églises; l'Eglise gallicane est aussi ancienne que l'Eglise de Rome; ses libertés ont précédé la monarchie française; avant que Clovis se fît catholique, le clergé français se réunissait périodiquement [1] en conciles nationaux, et gouvernait l'Église de France sans s'occuper autrement du chef de l'Église romaine que pour lui demander des conseils : les évêques étaient élus sans sa participation, et il n'avait pas le droit de les rejeter, car ils tenaient comme lui leur pouvoir de Dieu par l'élection [2].

Il est certain en fait que depuis saint Pierre jusqu'à Grégoire II, en 614, et longtemps après, c'est-à-dire jusqu'au dixième siècle, les évêques de Rome n'avaient aucune supériorité réelle sur les évêques des Gaules; ils avaient besoin, pour être installés légitime-

[1] Concile de Riez, en 439, où il fut décidé qu'il y aurait deux synodes par année.

[2] Voyez, dans le Recueil des Conciles de la Gaule, par le père Sirmundus, jésuite, les assemblées de 441, 442 et années suivantes.

ment, du consentement ou de l'*exequatur* du souverain de Rome, de même que les évêques des Gaules soumettaient l'approbation de leur élection à nos rois mérovingiens pour avoir ensuite le droit de paraître à leur cour en qualité de hauts fonctionnaires; et y jouir des priviléges attachés à leur dignité.

Les conciles d'Agde et d'Orléans, en 505 et en 511, furent tenus de l'autorité du roi de Bourgogne et du roi des Francs, sans aucune intervention de la puissance pontificale; le concile d'Orléans ne délibéra que sur les objets qui lui furent présentés par Clovis, et leur délibération n'eut d'effet que par son approbation.

Sous ses successeurs, en 517, 535, 549, les évêques des Gaules continuèrent leurs assemblées; s'ils reconnurent au Pape le droit de les juger en dernier ressort, comme on le voit par une lettre d'Agapet, de l'an 534, c'est que les évêques, qui s'étaient déclarés inviolables, voulaient soustraire leurs personnes au jugement des princes mérovingiens, qui n'observaient pas, en général, de grandes formalités de justice. Nos rois ont si bien senti que cela était contraire au bien de la justice, qu'ils défendirent ces sortes d'appel, ou les déclarèrent nuls.

Quant au droit de faire des lois générales, nos évêques ne reconnurent jamais, à cet égard, aucun pouvoir au Pape.

Les papes ayant cessé de convoquer des conciles généraux, et cherché à s'en attribuer les pouvoirs, l'Eglise gallicane, en 1682, fidèle à elle-même, publia le Résumé des principes recueillis par Pithou et réunis sous le titre de *Libertés gallicanes*.

C'est conformément à ces principes qu'avaient agi nos plus grands rois, Charlemagne, saint Louis, Philippe-le-Bel, Charles VII.

Par le concordat de Paris, du 10 septembre 1801, les évêques ont été assujettis à prêter le serment suivant :

« Je jure et promets à Dieu, sur les saints » Evangiles, de garder obéissance et fidélité » au gouvernement établi par la constitution de la république française. Je promets » aussi de n'avoir aucune intelligence, de » n'assister à aucun conseil, de n'entretenir » aucune ligue, soit au-dedans, soit au- » dehors, qui soit contraire à la tranquillite

» publique; et si, dans mon diocèse ou ail-
» leurs, j'apprends qu'il se trame quelque
» chose au préjudice de l'Etat, je le ferai sa-
» voir au gouvernement. »

Le même serment est imposé aux ecclésiastiques du second ordre.

La question soulevée par M. de Montlosier est de savoir si les ministres du culte catholique sont fidèles à ce serment; si, en favorisant les jésuites, ennemis de toute liberté politique ou religieuse, ils gardent l'obéissance qu'ils doivent à la constitution de l'Etat; si des membres du clergé n'entretiennent pas des *intelligences*, de véritables ligues, tant au-dedans qu'au-dehors, contre la tranquillité publique; enfin, s'ils remplissent leur devoir, qui est d'avertir le gouvernement de ses dangers.

M. l'évêque d'Hermopolis, ministre du roi, a déclaré à la tribune qu'on n'avait pas le droit de forcer le jeune clergé à professer les maximes de l'Eglise gallicane; que, sauf l'inviolabilité des souverains, il leur est *parfaitement libre* de croire et de professer l'infaillibilité du pape, la nullité des actes des conciles généraux qui ne seraient pas reconnus par le pontife, ainsi que des libertés, franchises et coutumes de l'Eglise gallicane, que le Saint-Siége n'a jamais approuvées.

N'est-ce pas comme si l'on disait qu'il n'y a d'obligatoire dans la Charte, pour les préfets et sous-préfets, que la disposition des articles 13 et 14, qui déclarent la personne du roi inviolable, et lui donnent la direction suprême de l'Etat, avec le pouvoir de commander toutes les forces de terre et de mer? qu'il leur est permis de nier les pouvoirs de la puissance législative, les droits garantis à chaque Français par cette Charte? que le temps les ramènera? qu'en attendant il faut les conserver et les payer, comme s'ils servaient fidèlement la chose publique?

Dirait-on alors que la Charte n'en demeurerait pas moins en son entier, *manet inconcussa* (cela ne ferait aucun doute si l'on était sûr de la fidélité de tous les citoyens); *qu'il est plus conforme à la saine politique et à la charité*, d'interpréter en ce sens la déclaration des préfets, que d'y voir, par interprétation, un acte opposé à la Charte et aux lois antérieures, qui, depuis quarante années, ont établi sur des bases inébranlables les libertés françaises?

Si M. de Montlosier se contentait de faire un livre, il n'aurait pas le droit d'accuser les intentions; mais il dénonce à la justice la déclaration des évêques, comme attentatoire à la sûreté de l'Etat; dès-lors ce n'est plus la charité qu'il faut consulter, c'est l'intérêt de l'Etat et de la justice.

La sécurité que l'on recommande est-elle donc permise aux magistrats? Serait-il temps de venir au secours des institutions, lorsqu'elles auraient été renversées par un coup de main et par surprise, comme on l'a vu dans d'autres Etats?

Si, dans le nombre des inculpés, il y a des pairs de France, sans doute la dénonciation devra être soumise à la Chambre des pairs, *ratione personæ;* mais ne serait-elle pas aussi de sa compétence, *ratione materiæ*, aux termes de l'article 33 de la Charte, qui porte que la Chambre des pairs connaît des crimes de haute-trahison et des attentats à la sûreté de l'Etat, qui seront définis par les lois.

M. de Montlosier, avant de s'adresser à

cette Chambre, a dû porter sa dénonciation aux juges ordinaires; car il ne s'agit pas encore de juger, mais d'informer; s'il y a des crimes de la compétence de la cour des pairs, les tribunaux, qui en auront saisi les preuves, sauront bien renvoyer devant qui de droit.

En terminant sur ce point, nous dirons que la profession de l'ultramontanisme qui, chez de simples citoyens, ne pourrait donner lieu qu'à l'application des peines établies par les lois de 1819 et de 1822 sur la presse, si elle prenait le caractère direct d'attaque contre les droits garantis par la Charte [1], devient un fait de la nature la plus grave, la plus dangereuse, lorsqu'elle se généralise dans les membres du clergé, surtout au sein de l'épiscopat.

§ IV.

De l'esprit d'envahissement par les prêtres.

On a fait au consultant le reproche d'avoir vu dans un tel esprit un fait de nature

[1] L'arrêt du conseil du 24 mai 1766, en ce qui concerne les particuliers, est évidemment et depuis

à être déféré aux tribunaux, et on s'est prononcé contre lui : on n'a pas saisi sa pensée. Lui-même a pris soin de dire (p. 247) que ces mots présentent quelque chose de vague et d'indéterminé qui ne se prêterait pas à une dénonciation juridique, par la raison que dans l'ordre *ordinaire*, les tribunaux n'agissent et ne prononcent que sur des cas prévus et caractérisés par une loi.

Aussi est-ce d'une poursuite *extraordinaire*, telle que celle dont il est parlé dans l'article dernier du décret de messidor an XII et dans le Code pénal, que M. de Montlosier s'est occupé, et c'est pour cela qu'il dit : « *Que son grief consiste dans un ensemble d'actes, de mouvemens, de prédications, par lesquels les prêtres manifestent un but, une intention plus ou moins apparente!* »

M. de Montlosier n'ignore pas que, pour dénoncer et poursuivre les cinq cents faits particuliers qu'il a recueillis, il faudrait qu'il fût partie intéressée.

Nous avons déjà fait remarquer qu'à son

long-temps abrogé, ainsi que tous les arrêts et réglemens rendus en conséquence.

défaut, d'après l'article 8 de la loi du 8 avril 1802, ce serait aux préfets qu'il appartiendrait de former appel comme d'abus.

Si les préfets ne remplissent pas à cet égard leur devoir, la faute est sans doute à eux d'abord qui ne doivent pas trahir le poste où la société les a placés comme des sentinelles; elle est ensuite au ministre chargé de la surveillance des cultes, qui a droit de les reprendre et de les révoquer, s'ils ne font pas leur devoir.

Mais abstraction faite de cette responsabilité, qui fait une question à part, M. de Montlosier a droit de signaler l'accumulation de tant de faits, comme l'indice d'un complot.

A cet égard, nous ferons remarquer que depuis la promulgation de la loi de 1802 jusqu'à l'année 1817, il n'y a pas eu un seul appel comme d'abus, pas une seule réclamation contre les entreprises du clergé, tant le clergé alors respectait les limites du spirituel et du temporel, tant il évitait de s'immiscer dans le gouvernement civil.

En 1817, 1818 et 1819, les réclamations commencèrent, et l'on peut citer déjà quelques décisions en matière d'appel comme d'abus.

En 1820, c'est un évêque qui y donne lieu (évêque de Poitiers). Au commencement de 1824, c'est un cardinal qui est censuré publiquement pour l'oubli des premiers principes de notre droit public ; au milieu de cette même année, c'est un évêque devenu cardinal qui est poursuivi pour avoir donné l'exemple d'une atteinte au principe de l'inamovibilité des pasteurs du second ordre.

Depuis et chaque année, les appels comme d'abus se multiplient ; mais la dénonciation de cinq cents faits est une chose prodigieuse ; elle prouverait qu'il y a dans le clergé une déviation bien dangereuse des sages principes de leurs devanciers, déviation d'autant plus redoutable qu'elle resterait impunie, et que le ministère, chargé de leur répression, loin d'appeler la censure publique et la vindicte des lois sur les coupables, les cacherait à la connaissance du public. Il est en effet singulièrement remarquable que les décisions du conseil-d'État en cette matière ne soient plus livrées à l'impression.

Il n'existe pas de débats contradictoires entre les parties, ce qui permet d'altérer singulièrement les faits; et enfin on a des exemples de dénonciations pour cause d'abus, restées sans solution pendant plus de deux années [1].

Un tel état de choses annonce un véritable danger pour la paix publique; car il n'y a rien qui agite plus les esprits, que les intérêts de religion. *Corruptio optimi pessima.*

Le clergé, on ne saurait trop le répéter, ne doit pas se mêler des affaires publiques et de la marche du gouvernement, et il paraît évident à M. de Montlosier qu'il s'en occupe. Le ministre des cultes est convenu que le jeune clergé avait une mauvaise tendance; M. de Montlosier va plus loin, il croit qu'il conspire en partie contre la religion, contre le trône, contre la société.

[1] Pourvoi du sieur Gallais contre le desservant de Ruffec, adressé au ministre, le 12 mai 1824, renvoyé au conseil-d'État en février 1825. Il s'agit d'un refus de sépulture envers la dame Gallais, parce qu'elle avait acquis nationalement et détenait un bien d'origine ecclésiastique.

Si les magistrats partagent l'opinion de M. de Montlosier, s'ils ont seulement des doutes graves, il y a lieu à information, et c'est de cela seulement qu'il s'agit en ce moment.

On objecte à M. de Montlosier que cet esprit d'envahissement est blâmable, mais non susceptible encore de poursuite judiciaire. Cela serait vrai si tout était renfermé dans les termes extatiques de simples vœux, de simples opinions; mais lorsque cet esprit d'usurpation se manifeste par des actes et par des faits extérieurs aussi nombreux que ceux que signale M. le comte de Montlosier, on peut y voir un complot, un commencement d'attentat contre la sûreté de l'Etat.

M. de Montlosier a peut-être eu tort de ne pas faire connaître ces cinq cents faits, pour éclairer les jurisconsultes qu'il a consultés. Il a craint de fatiguer l'attention; mais il nous suffit qu'il en affirme l'existence; qu'il donne à cet égard les renseignemens qu'il a recueillis; ce sera à la Cour saisie de sa dénonciation à faire le reste.

Dire que cet ensemble de faits ne peut par accumulation produire un chef d'accusation , c'est une erreur de doctrine qu'il nous appartient de relever. Une conspiration, un complot souvent s'annonce par cette multitude de faits provenant d'individus appartenant à une même association.

C'est ainsi qu'on l'a compris à l'égard de toutes les sociétés secrètes.

RÉSUMÉ

DES QUATRE PROPOSITIONS.

Nous le répétons, la pensée de M. le comte de Montlosier ne nous paraît pas avoir été bien comprise; il n'a pas dénoncé telle ou telle congrégation en particulier, mais un ensemble de congrégations. Comme associations pieuses il les défendrait peut-être, mais il les dénonce comme politiques, ou comme se rattachant à un ancien ordre religieux, essentiellement immoral et conspirateur, qui a troublé le monde et menacé successivement tous les gouvernemens; il a dénoncé des pastorales ou des mandemens émanés, non de tel évêque en particulier, mais de plusieurs évêques; il s'est élevé surtout contre la déclaration des évêques du 3 avril 1826, que plusieurs écrivains respectables et catholiques ont qualifiée de contre-déclaration gallicane [1].

[1] Sirey, *verbo* Appel comme d'abus, Jurisprudence du 19e siècle, par ordre alphabétique, p. 246.

C'est un acte collectif que la plupart des évêques, qui ne se sont pas ralliés à la sage opinion de M. l'archevêque de Paris, ont signé et adressé au roi; dans cet acte solennel on condamne ceux qui, sous prétexte de liberté, ne craignent pas de porter atteinte à *l'obéissance* due à Saint-Pierre et aux pontifes romains ses successeurs, sans définir en quoi consiste cette obéissance, si elle doit être absolue, comme le professe M. l'abbé de La Mennais, ou limitée par le droit naturel qui a précédé la révélation, par les coutumes et libertés de l'Église gallicane, et par les décisions des conciles généraux, comme l'ont toujours professé les hommes les plus pieux et les plus éclairés parmi les catholiques français.

L'accusation de complot se fortifie par le système d'envahissement signalé dans une partie notable du clergé.

Quelques jurisconsultes ont paru n'attacher aucune importance à cette circonstance; elle pourra paraître grave aux magistats; le clergé trouve, dans le budget de l'État et dans les honneurs et prérogatives qu'on lui rend, un grand ascendant sur la classe la moins éclairée de la société; il peut faire un grand bien ou un grand mal.

L'alliance du jésuitisme et de l'ultramontanisme mettrait en péril les libertés de l'Église gallicane qui est celle de l'immense majorité des Français, et par conséquent elle expose la France à des commotions violentes, à des troubles et à des séditions, comme le législateur lui-même l'a prévu dans les articles 203 et 206 du Code pénal.

D'un autre côté elle met en péril les autres cultes et croyances religieuses protégées par l'article 5 de la Charte, s'il est vrai que ce soit à l'instigation de M. l'évêque de Strasbourg que les piétistes ont été poursuivis comme outrageant par leur culte la religion de l'État; s'il est vrai qu'on s'occupe de rechercher les anabaptistes et les quakers, dont le culte a été reconnu par des arrêts de la Cour de cassation du 18 mars 1810.

Les juifs et les protestans [1] eux-mêmes peuvent-ils vivre dans la sécurité lorsqu'il est

[1] Il y eut une sédition à Fribourg, le 10 octobre 1818, lors du rappel des jésuites.

judiciairement constaté, par les débats de l'affaire *Truphemy*, le 28 décembre 1819, et sur ses propres déclarations, que cet assassin était l'ennemi des protestans, et que ceux-ci avaient juré sa mort.

A-t-on oublié ce qu'un personnage recommandable, préfet et député du Gard (M. de Saint-Aulaire), disait à la tribune de la Chambre des députés au mois d'avril 1820 :

« Il y a des hommes, d'ailleurs honnêtes » gens, qui ont reçu et protégé dans leur » maison des meurtriers de leurs concitoyens; » ils ont nié les faits notoires avec une per- » sévérance qui imite la bonne foi; ils ont » nié des faits que les murs et les pavés de » la ville ensanglantés attestent aux regards; » en un mot, ils ont nié des crimes commis » à la face du soleil; ce qu'il y avait de pis, » c'est que par un système tout-à-fait mal » habile, on niait ces crimes avec une im- » perturbable obstination à des gens dont » on avait brûlé les maisons et massacré les » familles. »

L'orateur a observé que les protestans, dans les cent jours et depuis, avaient tenu une conduite régulière et paisible.

Les jésuites étaient-ils étrangers à ces mouvemens, comme au massacre de la Saint-Barthélemi, ou aux Barricades? voilà ce que l'histoire contemporaine, qui ne savait pas alors leur introduction en France, n'a pu expliquer; le fait de leur participation serait au moins aussi vraisemblable que celui de complicité dans l'horrible affaire Fualdès. Toujours est-il certain que c'est le dissentiment religieux imprudemment excité contre les protestans qui a causé les massacres de Nîmes. On peut voir, par cet exemple, s'il est aussi indifférent que le disent des hommes trop absolus dans leurs doctrines, de laisser le parti ultramontain et jésuitique travailler les esprits, et proclamer hautement ses principes intolérans.

M. Madier de Montjau, en dénonçant, en 1820, l'impunité de Trestaillons et le renouvellement des manœuvres secrètes de la secte mystérieuse, a déclaré qu'il faisait sa dénonciation au péril de sa vie, et que peut-être sa publication suffirait pour conjurer le mal.

M. de Montlosier l'a imité; mais il est allé plus loin que le digne magistrat que nous venons de citer. La différence de conduite peut facilement se justifier; en 1820, les jésuites se cachaient encore; aucun prélat n'en embrassait la défense; ils n'étaient pas maîtres d'une partie de l'instruction publique, enfin ils n'étaient pas ouvertement tolérés; aujourd'hui, il faut un acte de la puissance judiciaire pour faire cesser cette tolérance, ou bien que le rétablissement des jésuites devienne une question législative.

M. de Montlosier, serviteur fidèle de la cause du trône et de l'autel, écrit qu'il y a conspiration pour renverser le gouvernement représentatif, et les libertés qu'il protége, si l'on introduit le pouvoir absolu dans l'Église catholique, et si l'on se sert, pour y parvenir, des jésuites qui ont professé la doctrine du régicide, et qui ne se regardent comme liés par aucun serment de fidélité; qui aujourd'hui, dans leurs établissemens publics, justifient la révocation de l'édit de Nantes.

Il n'en a pas tant fallu à Rome, pour dénoncer et poursuivre la conjuration des Bacchanales [1]. Le consul Posthumius n'entendit

[1] Tite-Live, XXXIX, chap. 8 à 18.

d'abord la déposition que de deux personnes; il ne s'agissait pas d'une conspiration flagrante pour renverser la république; cependant le sénat, auquel il en fut référé fut frappé de terreur, à cause de l'immoralité qui présidait à la secte. Il vota des actions de grâces aux consuls pour leur vigilance; des enquêtes extraordinaires eurent lieu; les édiles furent chargés de veiller à ce qu'aucune cérémonie religieuse ne se fît en secret (*ne qua sacra in operto fierint*); les assemblées nocturnes furent défendues. Le consul déclara, dans l'assemblée du peuple, que l'association s'occupait de persécutions individuelles (*privatis noxiis*), parce qu'elle n'avait pas encore assez de force pour opprimer la république; qu'elle croissait en rampant de jour en jour, et qu'elle était déjà trop forte pour qu'une poursuite privée pût l'atteindre; que cette affaire regardait la république entière; rien dit-il n'est plus dangereux qu'une religion fausse ou dépravée; lorsque le culte des dieux sert à couvrir des crimes, la crainte s'empare du cœur de l'homme; on a peur, en punissant le débordement des passions humaines, d'attaquer les choses saintes.

On comptait déjà dans Rome sept mille affiliés; on en saisit les chefs, deux de Rome et deux des villes voisines; les simples affiliés furent incarcérés.

Ceux qui s'étaient rendus coupables de meurtres, de faux témoignages, de falsification de testamens et autres faux, furent punis de mort; les femmes furent placées sous la surveillance de leurs parens.

On ne proscrivit pas pour cela le culte de Bacchus, ou les anciennes bacchanales, mais on en assujettit la célébration à des mesures rigoureuses de police.

Sans doute il n'y a pas de comparaison à faire entre les bacchanales, où la débauche avait une grande part, et les congrégations religieuses : l'assimilation avec l'association des jésuites, ne serait exacte que sous le rapport de la corruption de la morale publique.

Le danger des affiliations secrètes, des assemblées nocturnes, est le même, surtout lorsqu'on a acquis la preuve qu'au lieu de s'occuper de culte, les congréganistes se mêlent des actes de la vie privée, de la sûreté des personnes et de la chose publique elle-même.

Le danger devient plus pressant, lorsque ces congrégations se forment sur un principe aussi dangereux que celui de l'obéissance *absolue* envers un chef étranger, et s'appuient sur une société d'une morale aussi relâchée, aussi corrompue, aussi perverse, aussi anti-sociale que celle des jésuites; lorsque celle-ci devient même dominante et directrice, lorsqu'elle est ouvertement protégée par certains évêques, tolérée par le ministre chargé de la poursuivre, et qu'une partie de l'éducation de la jeunesse lui est confiée dans les petits séminaires.

N'est-ce pas assez pour que des poursuites extraordinaires soient ordonnées conformément au décret de messidor an XII, tant contre les associations elles-mêmes, que contre leurs chefs, fauteurs et adhérens ?

Lorsqu'en 1761 on commença d'instruire le grand procès contre les jésuites, il n'y avait qu'un fait, la faillite du P. Lavalette. A cette époque, l'association des jésuites était moins dangereuse qu'aujourd'hui, parce que le gouvernement était absolu ou à peu près. Aujourd'hui que notre gouvernement est fondé sur un principe de liberté entièrement opposé à celui d'obéissance absolue, tout jésuite qui veut la fin du but pour lequel la société a été instituée, est un ennemi déclaré de la chose publique.

Dans les poursuites dirigées pour faits de conspiration depuis la restauration, quels étaient les indices graves, nombreux et concordans qui servaient de base à la poursuite?

Dans l'affaire de l'épingle noire, dite des *patriotes de* 1816, où étaient les grands coupables? où étaient les ramifications? quels personnages marquans soutenaient les accusés?

Dans l'affaire des trois Anglais, l'évasion de M. de Lavalette a suffi pour les faire considérer momentanément comme conspirateurs.

Dans l'affaire Marinet, c'était un coup de pistolet tiré à balle ou sans balle, sur ou près la voiture du duc de Wellington qui donna lieu aux poursuites.

Un pétard éclatant sous les guichets du Louvre suffit pour l'accusation de Bouton et Gravier.

Dans la conspiration du 19 août 1820,

l'arrestation fut ordonnée sur la déposition de quelques sous-officiers, qu'il y avait des manœuvres sourdes dans certains régimens; la Chambre des pairs en fut saisie.

Mais dans celle dite *de La Rochelle*, ce fut seulement sur l'avis donné par un sous-officier que certains de ses camarades et lui étaient affiliés à une secte dite *des carbonari*, que l'instruction fut commencée et évoquée dans la capitale.

A la Martinique, en décembre 1823, il a suffi de l'introduction d'une brochure et de l'opinion où étaient les magistrats qu'il existait une conspiration *morale* permanente parmi les hommes de couleur, pour qu'on arrêtât les principaux citoyens de cette classe [1].

Quand il s'agit du clergé, on doit procéder sans doute avec circonspection; mais il ne faut pourtant pas repousser les indices graves qui se présentent lorsque les membres du clergé eux-mêmes signalent avec raison les jésuites, comme les ennemis de la paix de l'Eglise, et lorsque les prélats

[1] *Voyez* les pièces du procès des hommes de couleur de la Martinique.

signataires de la déclaration du 3 avril, annoncent l'avoir rédigée pour se défendre de l'accusation d'un attentat *supposé* contre la constitution de l'Eglise catholique.

Les uns s'écrient que la dénonciation ne peut avoir l'importance qu'on lui attribue, parce qu'il ne s'agit que des jésuites, corporation non reçue en France, et que par cela seul on suppose sans influence réelle.

D'autres, au contraire, disent que ce n'est qu'une question de responsabilité ministérielle, et que les tribunaux n'ont pas à s'en occuper.

Sans doute, quand les tribunaux auront informé, il pourra y avoir lieu à rechercher, si la responsabilité ministérielle n'est pas engagée ; mais le temps n'est pas encore venu, puisque les voies judiciaires ne sont pas épuisées.

Nous pensons que le consultant a dû prendre la voie de la dénonciation judiciaire pour faire appliquer aux délinquans qu'il désigne ou qui seront découverts, les pénalités spéciales que nous allons indiquer, d'après la loi de vendémiaire an IV et le Code pénal de 1810, mais surtout de faire vérifier les faits qu'il éndonce pour arriver à la découverte de ceux que l'on soupçonne, et qu'il ne sait pas.

On croit qu'il y a exagération dans cette accusation de complot, portée par M. de Montlosier contre les jésuites, et ceux qui les protégent; mais des magistrats, à la tête desquels on trouve le nom de ce président *Le Berthon*, dont le Roi a fait placer le portrait en pied dans la salle des séances de la Cour de Bordeaux, comme un modèle de science, de modération et de patriotisme, ont le 6 juin 1764, sur les conclusions du procureur-général Dudon, ordonné le dépôt à leur greffe d'un ouvrage rédigé en 1689 par la société des jésuites, pour *servir de preuve perpétuelle des vices essentiels de l'institution et de son opposition radicale aux principes du gouvernementen faisant défenses à ses membres d'entretenir aucune correspondance avec le général, à peine d'être poursuivis comme perturbateurs du repos public.* Il est aussi défendu, par cet arrêt, à toutes personnes d'en proposer et solliciter le rétablissement, à peine d'être poursuivies comme traîtres à leur Roi et à leur patrie.

Dans cet écrit en effet, les jésuites en corps s'élèvent contre la demande que Louis XIV avait faite d'un supérieur particulier pour la France, qui ne serait point tenu à l'obéissance envers le général ; ils signalent ce projet comme le renversement de leur institution lui-même. Si ce lien est rompu, disent-ils, nous ne sommes plus des jésuites. Ils attribuent ce projet à l'influence des évêques signataires de la déclaration de 1682, alors l'objet de tous les entretiens ; et à ce sujet ils disent :

« Il faut avouer que les choses en sont ve-
» nues au point de nous faire craindre qu'une
» doctrine (celle de 1682), que la société a
» eue jusqu'ici en HORREUR et en EXÉCRATION,
» ne se glisse dans nos provinces, à moins
» que nos supérieurs, par une exacte sur-
» veillance, ne ferment toutes les issues...

» Grâces soient rendues à Dieu ; nous pou-
» vons assurer que la société n'a jamais
» éprouvé ce malheur (celui d'adhérer aux
» principes de la déclaration), tant qu'elle a
» été gouvernée par les lois communes de la
» société. Ce qui a le plus contribué à l'en pré-
» server, c'est le respect que les constitutions

» de saint Ignace inspirent à la société pour
» le siége apostolique. »

Le Portugal, en obtenant de son souverain un Charte qui bannit le pouvoir absolu, permet à la diplomatie européenne, qui protège le monarque absolu de l'Espagne, l'objet d'une suspicion légitime dont un congré serait juge, et la justice organisée de France serait incompétente pour informer sur l'ensemble des faits dénoncés par M. de Montlosier, quand ils révèlent l'invasion des champions du pouvoir absolu; on ne le pense pas.

Pourquoi, vu l'article 6 du décret du 22 juin 1804, qui ordonne aux procureurs-généraux de poursuivre, même par voie *extraordinaire* tous ceux qui forment les associations prohibées des Pères de la foi, adorateurs de Jésus, Paccanaristes, et autres qui exigent des vœux perpétuels et l'obéissance passive envers un chef étranger,

On estime qu'il y a lieu d'ordonner qu'il soit informé contre tous auteurs et machinateurs du *système* ou COMPLOT *tendant à renverser la religion*, la *société* et le *trône*, crimes prévus par les articles 87, alinéa 3, et 91, alinéa 1er du Code pénal;

Contre tous ceux qui en ayant connaissance, n'auront pas révélé les circonstances aux autorités judiciaires chargées de poursuivre, crime prévu par l'article 103 du Code pénal;

Contre tous ceux qui, par dons, *promesses*, menaces, abus d'autorité ou de pouvoir, machinations ou artifices coupables, auront provoqué lesdits crimes, ou donné des instructions pour les commettre, crime prévu par l'article 60 du même Code.

Il y a lieu d'informer aussi, conformément aux articles 203 et 206 du Code pénal, contre tous ministres du culte qui, par leurs prédications ou leurs écrits, seraient les causes même indirectes des séditions qui ont eu lieu à Rouen, ou en d'autres villes du royaume,

Et contre tous les Français qui, en s'affiliant sciemment à la congrégation des jésuites, renoncent au serment de fidélité qu'ils doivent à leur pays, pour les faire déclarer déchus de leur qualité de Français, conformément à l'article 21 du Code civil.

Il y a lieu spécialement à rechercher les délits suivans, savoir :

1°. Les chefs de maison qui auraient reçu les membres de toutes congrégations, de plus de vingt personnes, avant d'avoir fait déclaration de leur existence et de la tenue de leurs réunions, délit prévu par les articles 291 et 294 du Code pénal.

2°. Tous ceux qui, dans ces réunions, auraient par discours, exhortations, invocations ou prières, provoqué à des crimes ou à des délits, et les chefs administrateurs ou directeurs qui l'auraient souffert, délit prévu par l'article 293 du Code pénal.

3°. Ceux qui, dans le sein des congrégations, auront rempli les fonctions de ministre des cultes sans avoir fait une déclaration préalable, délit prévu par les articles 6 et 7 de la loi du 29 septembre 1795.

4°. Ceux qui par injures ou menaces auront tenté de contraindre un ou plusieurs individus à faire des aumônes à ces congrégations illicites ou aux petits séminaires, ou qui seraient les instigateurs de ces injures ou menaces, délit prévu par l'article 12 de la même loi.

5°. Ceux qui auront célébré des cérémonies du culte hors de l'enceinte choisie pour leur exercice, délit prévu par l'article 18 de la même loi.

6°. Ceux qui auront paru en public avec les habits, ornemens ou costumes affectés aux moines, capucins, jésuites ou autres religieux supprimés, délit prévu par l'article 18 de la même loi.

7°. Les ministres du culte ou laïcs qui auront tenté d'envahir l'État civil des citoyens, délit prévu par les articles 20 et 21 de la même loi.

8°. Les ministres d'un culte qui, hors de l'enceinte consacrée à ce culte et dans une assemblée publique, auront lu ou affiché des écrits émanés de supérieurs de ces ministres résidant à l'étranger, délit prévu par l'art. 22 de ladite loi.

9°. Les ministres du culte qui par discours, exhortations, prédications, invocations ou prières, auront présenté comme injustes ou criminelles des ventes ou acquisitions des biens nationaux, délit prévu par l'art. 24 de ladite loi.

10°. Ceux qui auront troublé les ministres

ou sectateurs d'un autre culte, dans l'exercice et l'usage de leurs cérémonies, délit prévu par l'article 25 de la même loi.

11°. Les ministres des cultes qui *publiquement* et dans l'exercice de leur ministère, critiquent ou censurent les lois et actes de l'autorité publique, notamment les arrêts des Cours souveraines de justice, délit prévu par l'article 201 du Code pénal.

12°. Les auteurs de toutes instructions pastorales, mandemens et autres écrits, contenant la censure des mêmes actes, et provocation à la désobéissance aux lois, Crime prévu par les articles 204 et 205 du Code pénal :

13°. Les auteurs de la déclaration ou adresse au Roi du 3 avril 1826, que M. de *Montlosier* déclare, à cause des restrictions qu'elle contient, *captieuse* et *attentatoire aux droits de la couronne et aux droits de l'État*, et qui parait en effet contraire à la religion de l'Etat, ou Eglise gallicane, et qui méconnait les droits du clergé du second ordre appelé à défendre et soutenir en concile ladite Eglise gallicane et à repousser la doctrine du pouvoir absolu, délit prévu par l'article 6 de la loi du 8 avril 1802, par le décret du 25 février 1810, par les articles 4 et 6 de la loi du 17 mai 1819, et par la loi du 25 mars 1822, art. 1er.

Les signataires de ladite déclaration, qui ont adhéré à l'acte restrictif du 6 avril, de M. l'archevêque de Paris.

14°. Ceux des évêques qui reçoivent dans leurs séminaires, comme instituteurs, des jésuites déclarés incapables d'en remplir les fonctions par les édits de 1777.

15°. Ceux qui, sans mission de l'Université, confèrent les fonctions d'instituteur, ou ceux qui les exercent dans les petits séminaires, établissemens illégaux soustraits à la juridiction de l'Université, délit prévu par l'art. 56 du décret du 15 novembre 1811.

16°. Enfin les prêtres affiliés à la société des jésuites, ministres du culte catholique, évêques ou cardinaux, qui entretiennent une correspondance avec le général des jésuites ou la cour de Rome, sans l'intervention du ministère des affaires ecclésiastiques, délits prévus par les art. 207 et 208 du Code pénal.

Sauf après l'information, à renvoyer devant qui de droit les criminels ou les délinquans, et sauf la question de responsabilité ministérielle.

Délibéré à Paris, le 6 août 1826.

ISAMBERT,
Avocat à la Cour de cassation.

www.ingramcontent.com/pod-product-compliance
Ingram Content Group UK Ltd.
Pitfield, Milton Keynes, MK11 3LW, UK
UKHW021233230726
13926UKWH00003B/1411